U0930601

作家榜经典文库®

★★★★★★★★

读经典名著，认准作家榜

人生的智慧

如何幸福度过一生

[德] 阿图尔·叔本华 著　木云 林求是 译

中信出版集团 | 北京

人类从我这里学到了他们将永世不忘的东西。

阿图尔·叔本华

Arthur Schopenhauer

目 录

新版导读

学前课 “人生的智慧”是什么？

第 1 课　人是什么？

第 2 课　人拥有什么？

第 3 课　你在他人眼中是什么样的？

附　录

新版导读

叔本华这个人和他的人生智慧

费 勇[1]

叔本华一辈子写了很多关于人生智慧的文章，对于如何活得更好提出了不少有启迪性的建议。

据罗素《西方哲学史》的描述，叔本华在实际的生活里好像并没有很好地运用他的智慧，成就一种美满的人生。罗素特别提到了关于女裁缝的事件，他是这样说的：

> 假如我们根据叔本华的生活来判断，可知他的论调也不是真诚的。他素常在上等菜馆里吃得很好；他有过多次色情而不热情的恋爱事件；他格外爱争吵，而且异常贪婪。有一回，一个上了年纪的女裁缝在他的房间门外对朋友讲话，惹得他动火，就把她扔下楼去，造成她终身伤残。女裁缝赢得了法院判

① 费勇：暨南大学生活方式研究院联席院长、教授、博导。

决，判决勒令叔本华在她有生之年必须每季付给她一定的钱数（十五塔拉）。二十年后她终于死了，当时他在账本上记下：老妇死，重负释。除对动物的仁慈外，在他一生中很难找到任何美德的痕迹，而他对动物的仁慈已经达到反对为科学而作活体解剖的程度。

但是，中国的王国维对于叔本华却有着完全不同的评价。王国维年轻时醉心于叔本华的哲学，1904 年写出《红楼梦评论》，被认为是叔本华悲剧理论在中国的最早实践。同一年，王国维写了《叔本华之哲学及其教育学说》，全面介绍叔本华的思想，谈到叔本华的生平，王国维有这么一段评价：

更有可注意者，叔氏一生之生活是也。彼生于富豪之家，虽中更衰落，尚得维持其素居之生活。彼送其一生于哲学之考察，虽一为大学讲师，然未几即罢，又非以著述为生活者也。故其著书之数，于近世哲学家中为最少，然书之价值之贵重，有如彼者乎！彼等日日为讲义，日日作杂志之论文（殊如希哀林[①]、海额尔[②]等），其为哲学上真正之考察之时殆希也。独叔氏送其一生于宇宙人生上之考察，与审美上之瞑想。其妨此考察者，独彼之强烈之意志之苦痛耳。而此意志上之苦痛，又还为

① 希哀林：即谢林（1775—1854），德国哲学家。——编者注
② 海额尔：即黑格尔（1770—1831），德国哲学家。——编者注

哲学上之材料，故彼之学说与行为，虽往往自相矛盾，然其所谓“为哲学而生，而非以哲学为生”者，则诚夫子之自道也。

王国维的大意是，因为叔本华没有生活上的经济负担，不需要去担任大学教师，或者赚取稿费为生，只是自由地按照自己的兴趣研究、思考，所以叔本华是真正为哲学而生，著作虽然不多，却是最具价值的。

那么，叔本华到底是怎么样的一个人呢？

叔本华一生确实衣食无忧，罗素说他经常在上等菜馆好吃好喝，应该不是捏造。1788 年 2 月 22 日，阿图尔·叔本华（Arthur Schopenhauer）生于但泽（今波兰的格但斯克）。他的父亲是一个商人，也希望叔本华能够成为一个成功的商人。他的母亲出身贵族，喜欢文学，认识不少文学艺术界的名流，比如大诗人歌德。用现在的话说，他母亲是标准的女文青。叔本华很早就有志于人文学术的研究，志趣上应该与母亲比较亲近，但事实是，他更爱自己的父亲，而和母亲的关系不太融洽。

叔本华少年时代，曾有过一次游历，周游了荷兰、英国、法国、瑞士、普鲁士等国。1805 年，他父亲去世，据说是自杀。叔本华认为是母亲轻浮的生活方式害死了父亲，从此和母亲的关系变得非常恶劣。父亲给叔本华留下了一笔不小的遗产，使他一生都没有生活的压力。后来，管理叔本华财产的银行倒闭，叔本华要求银行赔偿，结果真的得到了赔偿。叔本华为此说：“一个人可以成为一个哲学家，但不必因此就是一个愚人。”这句话很像孔子所说，一个君子不去害人，不事先怀疑别人欺诈，不凭空猜想别人会不守信用，但如果真的有人欺诈，君子也能够事先察觉，不被愚弄。

叔本华理财精明，但在感情、事业上，却不太顺利。叔本华有过几次不成功的恋爱，一辈子单身。罗素说叔本华的恋爱“色情而不热情”，大概是出于某种偏见。也许，由于母子关系的障碍，多少影响了他和女性的交往；而和女性交往的失败，又在一段时间内影响了叔本华对于女性的看法。他的一些言论，被夸大为对女性的厌恶。他和尼采两人可能是哲学史上最著名的厌女主义者。尼采有名言：“见到女人，举起你的鞭子。”而叔本华说：“只有被性冲动冲昏了头脑的人，才会把矮小、窄肩、宽臀、短腿的人称为佳人。”在《论女人》一文里，叔本华开篇就说：“女人本身是幼稚而不成熟的，她们轻佻琐碎、缺乏远见。”

据俄国哲学史家兼传记作家阿·古雷加和伊·安德烈耶娃合著的《他们发现了我——叔本华传》(中文版译者冯申)所说，叔本华有过一次热烈的初恋。1809 年，21 岁的叔本华邂逅歌剧演员卡洛琳娜·雅格曼，坠入情网，不幸的是，雅格曼已经是一位年老公爵的情人，并没有回应叔本华的爱。一次痛苦的单恋，叔本华留下了一生中唯一的一首诗：

在卡洛琳娜·雅格曼旁[①]

① 本诗为雅牧参考冯申中译与 David E. Cartwright 英译翻译而成。

合唱队走进小巷，
我们站在你家门前；
我内心的悲伤将会变成喜悦，
如果你从窗口看我。

合唱的声音夹着雨雪响彻小巷，
裹着蓝色的斗篷，
我抬头看向你的窗口。

太阳被云所遮蔽，
而你眼睛的光芒，
在寒冷的早晨流出，
给我注入天堂般的温暖。

你的窗口被帷幔掩盖：
你在丝枕上做梦，
从未来恋情的喜悦中，
你是否意识到了游戏的命运？

合唱队走进小巷：
我的目光徒劳地四处探望；
窗帘挡住了阳光：
我的命运暗淡无光。

“我的命运暗淡无光”，这句诗倒是可以形容叔本华的一生，不仅爱情不顺利，而且世俗意义上的事业，也算不上成功。叔本华立志人文研究，却未能像与他同时代的哲学家如黑格尔、费希特等人那样，在学院谋得一个稳定的职位。1811 年，23 岁的叔本华入读柏林大学的哲学专业，虽因战争原因未能获得博士学位，却在 1813 年获得耶拿大学哲学学院的讲师资格，后因各种原因离开耶拿大学，在魏玛、德累斯顿、法兰克福等地居住。1820 年，叔本华获得柏林大学的讲师资格。黑格尔那时已经是名声显赫的哲学家，也在柏林大学教书。叔本华十分鄙视黑格尔，故意把自己的课安排在与黑格尔同一时间。结果是他的学生从未超过三个，他只好取消了这门《整个哲学就是关于世界的本质和人的精神的学说》，这是叔本华第一次开课，也是最后一次开课。

所以，叔本华一生的绝大部分时间，只是一个自由撰稿人。作为一个自由撰稿人，他的著作在生前大部分时候并不畅销，大多数卖不到几百本。他只是出于兴趣以及求知的热情而不断地撰写哲学著作，1814 年，他移居到德累斯顿，住了四年，并在 1818 年完成了他最著名的著作《作为意志和表象的世界》。1819 年，布洛克豪斯出版社出版了此书。叔本华对于这本书颇为自负，自认是新的哲学体系：“它不是对已有东西的最新表述，而是最高度的结合在一起的一系列迄今为止还没有人能够有过的思想。”但此书出版后却遭到冷遇，有评论家对它发表否定的意见，销售更是糟糕，一年半时间内卖了不到一百本。唯一称赞了此书的人是歌德。

因为此前叔本华出版过《论充足理由律的四重根》《论视觉和颜色》，销量更加少得可怜，所以，叔本华并不沮丧。此后，他又写了《自然界中的意志》和《伦理学的两个基本问题》，并于 1844 年又出版了《作为意志和表象的世界》第二版。社会对于他依旧冷漠，依旧没有什么人关注他的书以及他书里的思想。

叔本华一生的时光，大部分在寂寞里度过。他曾说：“名声越是晚到，能够持续的时间就越长——‘优秀’需要时间来成就。流芳后世的名声就像一棵橡树，成长十分缓慢；盛极一时的名声，持续时间短，就像那些一年生一年死的植物；而虚假的名声更是昙花一现便消亡不见。”说得不无道理，也似乎有自我安慰的因素。因为寂寞，因为长期不被主流社会所重视，也多少使得叔本华对于社会、对于人性常常有冷酷的意见。比如，他有句名言：人生就是一场化装舞会。为什么呢？因为所有的人都戴着面具，什么骑士、神甫、律师、哲学家、教授之类，都不过是面具，“一个人选择戴上法律的面具，用它来假扮一位律师，其真正的目的只是为了向另一个人狠狠地敲上一记竹杠；为了同样的目的，第二个人选择了爱国主义的面具，打着公众福利的幌子而到处招摇撞骗……”

也因为寂寞，他对于痛苦有特别深刻的理解。在他看来：“这个世界中，唯有痛苦才是唯一真实的东西，而幸福不过是痛苦暂时的缺乏，不过是欲望与无聊较为迅速的交替。”罗素虽然不怎么喜欢叔本华，但也敏锐地指出，叔本华的悲观主义哲学在哲学史上独树一帜：“叔本华在哲学家当中有许多地方与众不同，几乎所有其他的哲学家从某种意义上讲都是乐观主义者，而他却是悲观主义者。”

叔本华的悲观，源于他的“生命意志说”。在《作为意志和表象的世界》里，叔本华提出了一个对于西方人来说很有意思的看法。什么看法呢？就是我们的世界既不是真实的，也不是虚假的。“这是摩耶，是欺骗（之神）的纱幔，蒙蔽着凡人的眼睛而使他们看见这样一个世界，既不能说它存在，也不能说它不存在；因为它像梦一样，像沙粒上闪烁着的阳光一样，行人从远处看还以为是水，像随便抛在地上的绳子一样，人们却将它看作一条蛇。”

西方传统的思路要么是认为世界不依赖于主观而存在，要么认为世界完全依赖于主观而存在。但叔本华的思路完全跳出了唯物或是唯心的窠臼，指出了另一条道路。叔本华的第一个论断是：世界是我的表象。意思是世界其实由主体和客体相互依存而存在，“两者存则共存，亡则共亡，双方互为界限，客体的起处便是主体的止处”。

叔本华第二个非常著名的论断：世界是我的意志。意志即生命意志，一种盲目冲动的力量，一种不断产生欲求的力量。一个欲求满足了，又有新的欲求，生生不息。所以，生命意志的本质就是痛苦。读到这里，如果你对于佛教有一定的了解，一定会说：叔本华的思路怎么和佛陀的思路如此相似？是的，叔本华的悲观，确实受到了包括佛教在内的印度思想的影响。据说，叔本华的书房里，放着一尊佛像，以及康德的塑像。后来的哲学史家，也常常认为叔本华是第一个将东方思想融入欧洲现代思想的哲学家。

佛陀关于存在本质为“苦”的真理，在叔本华这位欧洲哲学家那里获得奇妙的回响。人生是苦，但人不能屈服于苦，而要寻找解脱的办法。在如何解脱这一点上，叔本华的思想与佛陀有了不同的旨趣和方向。佛陀指出最终解脱的道路是：空，围绕如何达到空而建构了一个既思辨又实证的宏伟体系。而叔本华身为一名优秀的哲学家，更趋近现实人生的考虑，着眼的还是尘世的幸福，是关于人们在日常生活中如何过得更好。叔本华认为，人之所以命运不同，在于三个方面的原因，第一是人是什么，即广义的人格，比如健康、力量、气质、道德、理智、教养等；第二是人有什么，就是财产和各种所有物；第三是一个人在他人的评价中处于什么地位。叔本华的看法是："人生幸福的首要的、最本质的要素就是我们的人格。"其他第二、第三个因素都不重要。"所有的事实都说明，对于幸福来说，人生中的主观因素要比客观因素重要得多。健康比其他幸福重要得多，所以有人说，宁做健康的乞丐，不做多病的国王。"

因此，叔本华认为，人类有两大最常见的愚蠢，第一是"不是在他自身的本质中去寻求幸福，而是在别人看待'他是什么'中寻求幸福"，也就是说，太在意别人的看法，为别人而活。第二是牺牲健康去谋求别的东西，不明白一个健康的乞丐比一位多病的国王要幸福得多。

"人是什么"比"人有什么"，要重要得多。在是否幸福这件事情上，个人的人格、气质、心态、信仰，比汽车、房子、珠宝等更为重要。也就是说，你的个性才是最宝贵的财富。你需要去追求物质、名誉，但你更需要追求的，是你独立而健康的个性。正是在这个意义上，叔本华才会说："个性远比民族性更重要。"

叔本华一生寂寞，却并没有在寂寞里消沉，而是锲而不舍地做着自己想做的事业。叔本华的性格以及行为有不少缺陷，不过是一个凡人。但和凡人不一样的是，他常常跳出来审视自己以及他的同类，努力揭示并面对残酷的真相，并在面对真相后，继续寻找更好的活法，继续活下去。很多人把这看作悲观，但在我看来，没有比这更乐观的了。就像罗曼·罗兰所说，认清了生活的真相，仍然有勇气继续活下去，没有比这更本质的英雄主义了。

叔本华也许不算什么英雄，但他在一生的寂寞里对思考、写作的坚持，尤其是在晚年好运降临时表现出来的风采，还是展示了一个智慧哲人的光辉。1851 年，叔本华写完了《作为意志和表象的世界》的《附录和补遗》。一直出版叔本华著作的布洛克豪斯出版社，终于以无法再赔钱为由，拒绝了叔本华的书稿。叔本华只好把书稿给了一家很小的出版社，只要求 10 本样书作为稿酬。结果，这本书出版后引起轰动，成为畅销书。而叔本华也一下子获得了他所期待的名声。柏林皇家科学院授予他院士称号，但叔本华毫不犹豫就谢绝了。1860 年 9 月 21 日，叔本华因为肺炎恶化去世，享年 72 岁。

学前课

“人生的智慧”是什么？

如何才能幸福地度过一生

在本书中，我将从日常生活来谈“人生的智慧”，也就是如何安排我们的生活，然后享受最大程度的快乐和成功。你也可以说它是幸福论，因为它将教我们如何幸福地度过这一生。

如果从完全客观的角度来说（因为这个问题本身就不可避免地带有主观性），我们都会认为活着比死去好。可以这样说，我们眷恋生命，是因为生命本身的美好，而不仅仅是出于对死亡的恐惧。并且，我们应该都不希望看到生命的结束。

至于人类的生活是否与生命的概念完全契合这一问题，众所周知，在我的哲学体系里给出了否定的回答。然而，关于幸福论的假设，这个问题却必须要从肯定的角度来阐述。在我主要著作的第二卷第四十九章已经指出，这个假设的前提本身就是错误的。所以，在阐述“幸福的人生”这个主题时，我不得不向我自己的哲学体系导向的更高级的道德观妥协。我即将要说的一切，在某种程度上都是一种折衷。基于此，我表述的都是与生活息息相关的观点，这其中便包含了这些观点本身的错误。所以，这些见解具有的价值相对有限，因为幸福论这个词语本身就是一种委婉的说法。并且，我也不敢说自己是完整的，部分原因是这个主题无法穷尽，部分原因是我不想重复别人已经表达过的观点。

我记得有一本卡当[①]写的《化弊为利》很值得一读，它与我写这本箴言书的目的类似，可作为本书的补充。亚里士多德[②]在他的《修辞学》第一册第五章里也有小部分关于幸福论的论述，内容并不详尽。鉴于编辑（别人的观点）并非我的工作，而且在编辑过程中可能会导致个人观点的偏离，而个人的观点却往往是这类著作的核心，所以我没有利用前辈们的著作。

实际上，不同时代的智者说的都是同样的东西；可惜所有时代的愚者们总是占了压倒性的大多数，总是以他们的方式一意孤行，总是和智者们的教诲唱反调——这种情形只会周而复始持续下去。恰如伏尔泰[③]所言："来来去去，世间永远愚蠢又邪恶。"

---

① 卡当（1501—1576）：意大利医学家、数学家。

② 亚里士多德（前384—前322）：古希腊哲学家、科学家。

③ 伏尔泰（1694—1778）：法国启蒙思想家、作家、哲学家。

想要幸福，你必须知道的三个终极真相

亚里士多德把人生的幸福分为三类——身外之物、人的灵魂和人的身体。现在我们只保留他的三分法，我认为，决定人类命运的根本差别取决于以下三项不同的内容：

第一，人是什么：可以用“个性”一词来概括，广义的“个性”包括了健康、力量、外貌、气质、道德品格、智力和教养。

第二，人有什么：即外在财产和一切占有物。

第三，人在他人的眼中是怎么样的：人向外界呈现出的样子，也就是人们是如何看待他的；而他人看法则是基于这个人已经获得的荣誉、社会地位和名声而来。

我与他人为什么不同？

人与人之间的差异，首先是由大自然决定的。

由此不难推断，财富或是他人的眼光只是影响了人们对生活的规划和安排而已，“人是什么”对人类幸福与不幸的影响才是最关键的。

一个人身上真正的优点，如伟大的头脑或者伟大的心灵，和那些特权等级或高贵的出身一对比，就像是现实中的国王和舞台上扮演的假国王一般，有着云泥之别。伊壁鸠鲁[①]最早的门徒迈特罗多鲁斯在他的一篇文章标题中也这样表达过，“得于我们自身的幸福，要比我们从外界获取的更伟大”。

幸福的首要因素，甚至，一个人此生存在的主要意义，是由他的内在机制决定的，这是既定事实，也是他内心是否感到满足的直接根源；一个人内心满足与否，取决于他的情感、欲望和思想的共同作用，外在环境对人只起到了间接调节的作用。这也就是为什

① 伊壁鸠鲁（前341—前270）：古希腊哲学家、无神论者，伊壁鸠鲁学派的创始人。他的学说的主要宗旨就是要达到不受干扰的宁静状态。

么相同的外在环境或外部事件，对两个不同的人会产生不同的影响——即便是在无限相似的条件下，每个人都还是只活在自己的世界里。

人通常容易只着眼于自身，最能直接理解的是自己的想法、感受和意志，外部世界只有在与个人的生活产生关联时才会对他产生影响。**人们用自己的方式来塑造并观察世界，世界由此为不同的人而呈现出不同的样子——可能对这个人来说，世界是空洞乏味流于琐碎的；但对另一个人而言，它却极有可能是丰富有趣充满意义的。**

每当人们听到某个人谈论他经历的趣事时，许多人都会首先希望同样的趣事也能发生在自己的生活中，但这其实只是别人有本领把一件事表达得活灵活现而已。在智者看来是场饶有趣味的冒险，对于一个感受力贫弱的普通人而言，则可能由于司空见惯就忽略过去了。举个例子，歌德和拜伦取自现实主义题材创作出美妙的诗歌，愚蠢的读者可能会嫉妒有这么多让人欣喜的事情都发生在诗人身上，却忘了诗人才华横溢，能化腐朽为神奇，才是值得羡慕的。

同样的，气质忧郁的人觉得是场悲剧的事情，到了乐观开朗的人那里说不定就只当作是一次颇具戏剧性的冲突，而对于冷漠的灵魂来说则可能什么意义都没有。要意识到并且可以欣赏每一次事件，必须要结合主观和客观两个方面的因素，就像水里的氧元素和氢元素那样紧密地结合在一起。同样的经历，即便是在客观或外部因素完全一致的条件下，主观的个人感受也是不一样的，不同的人看到不同的风景。

世上最美好的所在让迟钝的人来欣赏，他也只能看到一幅乏味的现实图景，十分枯燥——恰如一处美好的景致遇上了阴暗的天气，或是透过一个坏了的相机镜头去看，总之是白白辜负了美景。简单来说，就是每个人都被禁锢在他自己的意识局限之中，无法跳脱出来，超越不了自己，外援对他的帮助也不大。

痛苦面前，人人平等

在舞台上，有人扮演王子，有人扮演大臣，有人扮演仆人、士兵或是将军，这些都只是外在身份上的差异——所有这些人物的内核是一样的，不过是个可怜的演员，对自己的命运充满了焦虑。

生活中也是一样。虽然社会地位高低、财富多寡决定了人们要扮演不一样的角色，但这绝不意味着内在的幸福和满足会因此有所不同。身为区区凡人，谁都有烦恼，在痛苦面前人人平等。尽管烦恼的原因各不相同，呈现的形式或需要承受的强度有所分别，但烦恼的本质是一样的，与一个人在生活中必须扮演的角色并无太大关联。

存在或发生的一切只出于我们自己的意识，对一个人来说，最本质的东西就是意识的结构，这比形成意识内容的外部环境重要得多。想想塞万提斯在暗无天日的监狱牢房里就能写出伟大的《堂吉诃德》，那想象力多么惊人！再看看一个迟钝愚昧的人眼中所谓“世上所有的荣耀与喜悦”，又是多么可怜又可笑！现实生活中客观条件的部分由命运决定，情况不同，形式也不同；主观的部分则掌握在我们自己手中，本质不变，就是我们自身。

每个人的人生都带着个性的烙印，不论他的外部环境发生什么变化，万变不离其宗，没有人能够超越自己的个性。

比如动物，无论将其置身于何处，它都无法摆脱大自然早已为它设定好的狭窄范围。如果我们想逗宠物开心，那么就要在宠物能感知得到的范围内，遵循它的天性宠爱它。

人也是一样，**个性决定命运，你是什么样的人，你就获得什么样的幸福**。精神的力量尤其能帮助人们领略更高层次的幸福快乐。自身精神力量如果不够强大，即便是在亲朋好友或是财富这些外界的帮助下，能获得的快乐也相当有限，只能获得夹杂着动物性的流于俗套的快乐——比如只能享受感官的乐趣、低级粗俗的消遣，能感受到的最佳乐趣充其量也不过是平庸的家庭生活而已；就连最能开拓人类视野的教育都起不了太大的作用。

不幸福只是因为你“感觉不幸福”

我们年轻时几乎意识不到的一点是，最高级最丰富且最持久的乐趣来源于思想，思想力量的强弱决定了乐趣大小。人生的幸福在很大程度上取决于我们是谁以及我们的个性；财富或命运通常只是意味着我们有什么，或是别人以为我们有什么。如果我们真的内心富足，就不会过于期待改变命运，就好像一个傻瓜永远只是一个傻瓜，即便是到了人生的弥留之际，即便那时他身处天堂，也依然只是一个无聊的傻瓜而已。这也是为何歌德[①]在他的《西东合集》中告诉大家，只有个性才是人生幸福的要素时写道：“普罗大众，无论贵贱，唯个性是福。”而诸如“饿了就觉得什么都好吃”“当你老了，年轻时的激情将不复存在”一类的谚语，或是耳熟能详的那些天才、圣人们的生活，这些日常经验也都在告诉我们，人生是否幸福主要还是由主观意识来判断，主观因素远比客观条件重要得多。

---

① 歌德（1749—1832）：德国著名思想家、作家、科学家，魏玛的古典主义最著名的代表。1774年发表了代表作《少年维特之烦恼》。

宁做健康的乞丐，不做病恹恹的国王

健康比什么都重要。所谓宁可做健康的乞丐，也比做病恹恹的国王快活得多。性情乐观、体格健康、充满活力、温文尔雅、有良知、能够洞察事物的本质，这些都是地位或财富无法弥补或取代的优势。

别人无法给予也无法夺走，即使孤身一人时依然伴随着你的，是你的本性——“你自己”是最本质的，比任何外在财富或是别人怎么看你更重要。

对一个本身就很无趣的人来说，任何消遣，无论是社交聚会，还是看戏出游，都无法驱逐新鲜过后的无聊感。而一个精神世界丰富的人就连在独处时，都能在他自己的思想和想象中自得其乐。

一个温和善良的人，即便是在贫困的环境中仍能感到深刻的幸福；而一个贪婪、善妒又恶毒的人，就算他是世上最富有的人，也依然无法避免痛苦不堪。不仅如此，普通老百姓所追求的大部分乐趣，对那些能够乐此不疲地享受智力带来的乐趣的人来说，实在无足轻重，甚至会被视为麻烦或负担。贺拉斯[①]在谈到自己时就说："即使生活中大部分花哨的东西都被剥夺了，人们也照样能活得很好。"而当苏格拉底[②]看到各种各样的奢侈品时，他惊叫道："原来这世上竟有如此多我不需要的东西！"

人生幸福最本质的元素在于我们是什么，即我们的个性，只有个性才能够在任何环境中都持续发挥作用。个性不是命运的竞技游戏，也无法被夺走；与外在财富或别人的看法相比，个性被赋予了绝对的价值，所以仅仅想要依靠外在手段去征服或是支配一个人是十分困难的。

---

① 贺拉斯（前65—前8）：古罗马诗人、批评家。其美学思想见于写给皮索父子的诗体长信《诗艺》。

② 苏格拉底（前470—前399）：古希腊著名的思想家、哲学家、教育家、公民陪审员，他和他的学生柏拉图，以及柏拉图的学生亚里士多德被并称为"古希腊三贤"，更被后人广泛认为是西方哲学的奠基者。

人生只需“量力而行”

当然，“时间”是我们最强大的对手，人的生理优势和精神优势都会随着时间的推移而消磨殆尽，唯一可幸免的只有人的品性。这样看来，时间虽然具有毁灭性的影响，却不能剥夺外在的财富与别人对我们的看法，因为它们是自然界或外部世界的客观存在，至少每个人都有可能得到它们；相比之下，除非通过某种神授的权力，主观性的东西我们的确更难获得——主观性的特性对于人生而言就是持续不变的、不可剥夺的、不可抗拒的宿命。所以歌德在诗中说道，“出生之际，命运就已分配完毕，不可更改，人只能沿着星象预示的轨迹前行”；而预言家和先知们也这样宣告，人永远无法逃离他那既定的命运之轨，即使是时间的力量也无法改变这一点。

我们唯一能够做到的事情是，最大限度地利用我们所具有的个人品质，并遵循符合个人品质的方向去追求发展，避免其他的情形，再选择最适合我们个性的人生位置、职业和生活方式。

试想一个天生神力的人，却迫于环境压力从事了一份需要久坐不动的职业，譬如做一些非常细致的手工活儿，又或者要去从事他所不具备优势的科研和脑力劳动，也就是说，要被迫放弃他原来最擅长、现在却无用武之地的力量——这样的人生如何能幸福？对一个智商高的人而言，智力就是他的财富，他却不得不弃之不用，去做一份根本用不着智商的工作，譬如一些他根本力所不能及的体力活儿，这又该是多么可悲？我们一定要警惕出现这种情况，尤其当我们年少气盛时，更要避免这样的生活陷阱，千万不可疏忽，不要好高骛远去从事我们力不能及的工作。

幸福的本质在于“人”，那么集中精力保持身体健康、培养能力，无疑要比一心积累财富更明智，但千万不要误以为我们就应该忽略掉对生活必需品的获取。财富这个词本身的意义是“过剩”，这对提升我们的幸福感帮助不大——许多富人感觉不幸福，是因为他们精神思想很贫乏，没有真正的文化或知识，对事物没有客观的兴趣和见地。

财富带来幸福，也会打扰幸福

在满足我们日常生活所需之外，财富对人生幸福的影响相当之小，甚至可以说财富会打扰到幸福——为了守护财产，不可避免地会耗费我们许多精力，让我们不得安宁。即便如此，致力于追求财富的人，还是要比追求思想文化的人多上岂止千百倍。许多人像蚂蚁一样勤劳，从早到晚为赚钱而奔波，费尽心思钻营，除此之外他对人生一无所知，头脑空空、浑浑噩噩——那些高层次的精神乐趣他们享受不了，只能徒劳地放纵自我，付出昂贵的代价追求转瞬即逝的快感。倘若此人足够幸运，通过努力最终挣到钱，然后留给后人继承——家产要么被发扬光大，财富越来越多；要么就是被继承人奢侈浪费挥霍一空，将他奠定的整个家底全部败光。像这样的人生，尽管算得上是认真务实艰苦创业，但也还是和其他那些浑浑噩噩的人生没什么两样，不过是在追求一个可笑又浮夸的结局而已。

一个人内在拥有的东西是决定他幸福与否的关键。

身外之物对幸福的影响太微弱，大多数无须为生计发愁的人们由于内在贫乏，跟那些生活在底层为生计奔波劳碌的人们一样感觉不幸福。他们头脑空洞、想象力贫瘠、精神空虚，只好与跟自己相似的人为伍，正所谓“物以类聚，人以群分”——他们聚在一起追求消遣娱乐，纵情感官享受，最后以荒唐告终。含着金汤匙出生的纨绔子弟穷奢极欲，通常会在一段很短的时间里把钱财挥霍一空，败家速度令人瞠目结舌，原因何在？简单来说，就是因为空虚无聊。他一来到世上就被赋予了外在的富有，但同时内在又是贫穷的，当他试图用外在的财富去弥补内心的不足时，常常徒劳无功，就像一个衰朽的老头，比如大卫王或马雷夏尔·德·黑兹，奢望通过财富换取已经退去的力量。所以，内在贫乏的人到最后连外在的财富也都会失去。

至于外在财产的价值和他人的看法这两项的意义我无须特别强调。

财产的价值是世人公认、家喻户晓的，根本不需要广而告之；与之相比，他人的看法似乎没有外在财产那么重要，意义相对虚无缥缈些。即便如此，大家还是为了有个好名声而努力着。社会地位是那些服务于国家政府的人最向往的；至于声望，实际上去追求它的人则更稀少。

一般来说，人们把名誉视作无价之宝，而声望显赫则是人能获得的最珍贵的恩赐，仿佛是被上帝选出来的人才能获得的金羊毛。只有傻瓜才会不爱财富只追求地位，财富和地位实际上互为因果。

佩特罗尼乌斯[①]说过："一个人所拥有的财产决定了这个人在他人眼中的价值。"如果这句话是正确的，那么反过来，他人的肯定与赞赏，常常会帮助我们得到我们想要的。

① 佩特罗尼乌斯（27—66）：古罗马作家，代表作《萨蒂利孔》。

第1课

人是什么?

你的“幸福感”为何越来越少了？

我们已经知道，一般来说，“一个人是什么”，比“一个人有什么”和“他人是如何看待他的”，更能给他带来幸福。

一个人是什么，他自身有什么，始终是我们需要考虑的头等大事。个性如影随形，我们所经历的一切都带着个人色彩。各式各样的乐趣，不管是什么性质，都得由我们亲自来体验——肉体上的乐趣是如此，精神上的乐趣更是如此。

英语中有一个短语“to enjoy oneself”（即“好好享受”），十分生动恰当。比如我们会说“他在巴黎很享受”，而不说“他享受巴黎”。对于一个个性很差的人来说，所有的乐趣都犹如胆汁逆流、嘴巴很苦时喝到的美酒，全变了味。

生命中的幸与不幸，与其说是取决于我们遇到了什么，毋宁说是取决于我们与它们相遇的方式，意即，取决于我们易感的类型和程度。一个人是什么和他本身固有什么，即一个人的个性，是最直接影响到其幸福和财富的。除了个性本身带来的影响长久不衰之外，任何其他间接因素所造成的影响都是可以被中和抵消的。这也就是为什么因个人的特性所激起的嫉妒是所有感情中最难缓和的，而且嫉妒还是隐藏得最深的感情特质。

意识结构，对于我们的所作所为，影响最持久，甚至是永恒的。

生命中的每一个时刻，或多或少，都受到我们个性的不断左右。而来自其他方面的影响却是暂时的、偶然的，甚至转瞬即逝，并且还受到各种机遇和变数的制约。就像亚里士多德说的：**“金钱总有散尽之时，唯有性格始终不渝。”**

正是出于同样的原因，比起由于我们自身的性格缺陷而导致的不幸，完全来自外部的灾祸会使我们更容易承受；因为运气总是会改变的，而个性却不会变。

我们内在的美好素质，如高贵的品性、杰出的智力、良好的气质、乐观开朗的精神以及健康的体魄，一句话，身心健康，就是幸福的首要关键。我们应当致力于提升并保持这些品质，而不是专注于去占有外在的财富和荣誉。

在所有这些品质当中，最能直接带给我们幸福感的莫过于开朗愉快的心境。它犹如暖流一般汩汩淌过，令人四体通泰神清气爽。

乐观的人总有理由感到快乐，也就是说，他本就是一个快乐的人，堪称天赋异禀。一个人或许年轻英俊又富有并且受人尊重，但说到幸不幸福，就要问问他是否快乐。如果他心情愉快，那么，是年轻或是年迈，是身姿挺拔抑或弯腰驼背，是贫穷还是富有，又有什么重要的呢？反正他就是幸福的。

早些年的时候，我曾在一本旧书中发现了这句话：**“若你笑口常**

开，那你就是幸福的；若你常以泪洗面，那你就是不幸的。”无疑这是一句非常质朴的话，但正因为它如此简单朴素，我才从未忘记过，即使它简直算得上是个不言而喻的老生常谈。

如果快乐来敲门，我们就应当打开大门来迎接它。快乐绝不贸然，更不会不合时宜——可惜通常我们并没有这么做，我们总是在迟疑要不要让它进来，总想确认我们的快乐和满足是不是理直气壮，又担心精神的愉悦会妨碍严肃的思考或其他重要的事情。

快乐是一种即时的幸福，现在就能使我们直接感到幸福，而不只是一张存在银行有待兑现的支票——这简直是我们生而为人所能获得的最大恩惠了！要知道，我们的存在，不过是永恒的生死两端中，最短暂的瞬间而已。

一定要快乐，一定要更快乐，这就是我们努力追求幸福的最高目标。

任何事都不值得你牺牲健康去追求

现在我们都知道，财富并不能带来多少快乐，身体健康才能快乐。

那些所谓的“劳动人民”，尤其是生活在乡村的人们，身强体壮，他们的脸上常常洋溢着喜悦的满足。反倒是那些非富即贵的人士，看起来脸色苍白，神情忧郁烦闷。所以我们每个人都应该试着尽全力去获得并保持良好的健康，在“健康”的土壤上才能开出“快乐”的花儿。

一个人应该做些什么才能维持健康的体魄呢？我的建议是避免各种放纵或不节制，避免一切剧烈的、不愉快的情绪，避免精神过度紧张，在户外做日常锻炼，洗冷水浴，等等。

缺少适量的日常锻炼，就谈不上健康——保持生命机能的正常运作需要日常锻炼，是因为人体各个器官本身也需要得到锻炼。正如亚里士多德所言，“生命在于运动，运动就是生命的本质”。

我们身体内部本身就在持续地运动着：心脏，在复杂的收缩和扩张过程中，强劲而不知疲倦地跳动着；血液通过每二十八次心跳从动脉、静脉和毛细血管被输送到全身；肺像蒸汽机一样不中断地换气；肠道则永远在蠕动；各种腺体也总在持续吸收和分泌；甚至连大脑，也伴随着我们每一次脉搏的跳动、每一次的呼吸，就完成了它自身的双重运动。

大多数人习惯懒散，一点儿也不锻炼，这会让身体外表的静止与内部新陈代谢之间，出现明显而致命的失衡。身体不间断的内部运动要求一些外部的运动来与之对应，一旦缺失，我们就不得不相对压抑沸腾的情绪。就算是一棵树，如果想要茁壮成长，也必须经受大风洗礼才行。

请谨记这个法则：**不运动，不成活。**

幸福究竟有多依赖于我们的精神，又有多依赖于我们的健康状况呢？来对比一下当我们身体健康心情愉快时和当我们心情压抑健康堪忧时，同样的外部环境或事件对我们造成的不同影响，就清楚了。

让我们感到幸福或者不幸的事物对于我们而言所具有的意义，不是由它们本来的面貌决定，而是取决于我们如何看待它们。正如爱比克泰德[①]所言，**"人并不是被事物本身所影响，而是被他们自己对事物的看法所左右"**。

总的来说，幸福十之八九都有赖于健康。有了健康，一切事物都是欢乐的源泉；失去健康，就再没有任何事是令人感到愉快的；

① 爱比克泰德（约55—135）：古罗马著名的斯多葛学派哲学家，早年当过奴隶，经历过许多苦难，生活让他从苦难中得到经验和智慧，他的哲学思想可以凝结为一句话：我的思想由我支配。

甚至那些生而为人的好处，如伟大的头脑、愉快的性格，都将因为缺乏健康而黯然失色。这也就是为什么人们互相问候的总是彼此的健康状况，并祝愿彼此身体健康——良好的健康的确是人类幸福的头等大事。由此可见，最愚蠢的事就是牺牲自己的健康去追求任何其他一时的快活。不管是为了利益、升迁、学问还是名气，甚至为了转瞬即逝的感官乐趣糟蹋自己的健康，都是愚不可及的行为。所有其他的一切都应当为健康让路才是。

乐观和美貌能让你更幸福

健康固然能极大程度上带来快乐心情，但快乐的心情并不完全依赖于健康——一个人可能身体十分强健，但同时又拥有多愁善感的忧郁气质，看问题通常还是会妥协于悲观的想法。

我们发现这种情形毫无疑问根源于与生俱来的、不可改变的体质，或多或少可体现在一个人生命力和感受力之间的关系上。

感受性异常会导致精神情绪无法平衡，气质忧郁的人就算时不时奔放纵情，仍然会周期性颓废消沉。天才都是些神经质或者说过分敏感的人——正如亚里士多德已然非常正确地指出，“在哲学、政治、诗歌或艺术方面出类拔萃的人，似乎都是些多愁善感的人”。西塞罗[①]在他的文章里也说，“亚里士多德说过‘智者多虑’”。而莎士比亚[②]则在他的《威尼斯商人》中用下面几行字精妙地描述了与生俱

① 西塞罗（前106—前43）：古罗马著名政治家、演说家、雄辩家、法学家和哲学家。

② 莎士比亚（1564—1616）：欧洲文艺复兴时期最重要的作家，杰出的戏剧家和诗人，他在欧洲文学史上占有特殊的地位，被喻为“人类文学奥林匹克山上的宙斯”。他亦跟古希腊三大悲剧家埃斯库罗斯、索福克勒斯及欧里庇得斯合称戏剧史上四大悲剧家。

来的气质间那根本的差异性：

老天一早造出来的人啊，真是无奇不有；

有的人老是笑眯眯的，就像鹦鹉见了苏格兰风笛手；

有的人终日愁眉苦脸郁郁寡欢，

即使涅斯托发誓说那笑话很可笑，

他听了就连露一露牙齿、装出一个笑容来都不肯。

柏拉图[①]将性格随和的人与性格刁钻的人做了一个区分，为了证明这种区分的合理性，他提出，不同的人对愉快和痛苦所表现出来的感受程度也不同。

可以这么说，对不愉快的印象感受力越强，那么对愉快的感受力则越弱，反之亦然。倘若一件事变好或变坏的概率是完全一样的，抑郁型的人通常会因为问题的结果也许是不利的而感到不安或难过，却不会想到结果也有可能是皆大欢喜的而放松精神。抑郁型的人十件事情即使做成了九件，他也不会感到高兴，只会为了那一件失败的事情坐立难安；但乐观型的人只要有一件事做成了，就会成功地从中找到安慰，并保持愉悦的心情，因为百分之百的坏事实际上并不存在啊。

悲观的人所面临的不幸和痛苦在很大程度上是更富有想象力的，

① 柏拉图（前427—前347）：古希腊伟大的哲学家，也是全部西方哲学乃至整个西方文化最伟大的哲学家和思想家之一。

他们夸大了不幸和痛苦，因此比那些无忧无虑的人活得更不真实、更焦虑。对一个把什么都看成是黑色的人来说，糟糕的状态是持续的，他无法像有些人一样，凡事愿意看到事物的光明面，而只会频繁地对这个世界感到失望。当来自神经病理的影响或者消化器官紊乱诱发出一种天生忧郁的倾向时，这种倾向可能会达到“因长期的苦恼产生对生活的消极厌倦”这样一种严重的程度。因此，甚至是最琐碎的让人不愉快的小事，也可能导致实质性的自杀倾向增加；不但如此，这种自杀的倾向有可能是从最糟糕的形式中诱发出来的，可能只是被平常的事偶然触发——患有忧郁症的人也许会仅仅只是因为长久以来的不快乐就下决心去结束自己的性命，然后冷静而坚决地实施自杀。

正如通过观察患者看到的这样，当他处于监管之下时，急切地等待着抓住第一个无人监管的时刻，到那时没有颤抖、没有挣扎，也没有退缩，他会使用当下最自然、最能接受的方式来实施自己的解脱。甚至是最健康的，也许甚至是最快乐的人，当置身于特定的情形下时，可能也会执意寻死——例如，当他承受的苦难，或他对某些不可避免的不幸的恐惧，压倒他对死亡的恐惧时。

唯一的区别在于，一个天性乐观的人可能需要程度更高的苦难才会导致自杀倾向；而对一个忧郁的人而言，只需程度低的苦难就可能引发自杀。越是悲观的人，对诱发自杀倾向的苦难程度的要求就越低；最后，它对苦难程度的要求可能降至为零。但如果一个人本身是快乐的，而且有良好的健康支撑着他的精神状态，除非是不得已的极端情况，否则他不会想要结束自己的生命。这两种自杀的极端在比例上有着巨大的差别，天生忧郁的人自杀人数极多，仅仅是因为病态的强化；而那些健康快乐的人自杀，则完全是来自客观世界的原因导致他们想要轻生。

美貌也和健康相关，可以被看作是一项个人优势。尽管它可能并未直接影响我们的幸福，但是美貌可以给别人留下深刻的印象，间接地为幸福做了贡献。甚至对于男人来说，长相英俊也不失为一项优势。

美貌是一封公开的推荐信，让人更受青睐。所谓天生丽质难自弃，正如荷马[①]在他的著作中所言，**"美貌是只有神祇才有资格赠予世人的礼物，不可小觑"**。

① 荷马（约前9—前8世纪）：古希腊盲诗人。代表作《荷马史诗》，在很长时间里影响了西方的宗教、文化和伦理观。

快乐的“死敌”——痛苦和无聊

只要对生活稍作考察，我们就会发现，人类幸福的两大宿敌是痛苦和无聊。我再补充一下，当我们足够幸运逃离了其中一端时，我们就接近了另外一端，也就是说，免得了痛苦却免不了无聊，反之亦然。**实际上，生活就像是钟摆一般，在这两端之间或激烈或温和地来回摇摆——要么痛苦，要么无聊，反正总有一项逃不掉。**

究其根源，痛苦和无聊是一种双重对立的存在，一是外部的或客观的，一是内在的或主观的。匮乏的环境和贫穷会导致痛苦；而一个人衣食无忧，那么他就会无聊。因此，当下层人们迫于生计而疲于奔命时，换句话说，为摆脱痛苦而挣扎，上层阶级的人们则和无聊展开了一场旷日持久且时常陷入绝望的鏖战。

内在的、主观的对抗基于这样的事实：就个体而言，对于痛苦的感受性与对无聊的感受性成反比，这是因为感受性与精神或是心灵的力量直接相关。让我来这么解释，可将此作为一条法则，感受力迟钝就是没有任何刺激物可以影响一个迟钝头脑的神经，简而言之，这是一种无论痛苦或焦虑的程度有多深、多可怕，感受都不会太深的麻木的气质。

麻木迟钝是一种摆在脸上、印在心底的空虚状态——**人们对外部世界发生的一切琐碎的事情表现出不停的、强烈的关注，同样也暴露了他们内在的空虚**。这就是无聊的真正根源——内心空虚的人为了寻求刺激，不断用各种无谓的东西充塞大脑和心灵，单调又乏味。为了打发时间，他们可谓毫不挑剔，饥不择食地追求各种五花八门的社交、消遣和享乐，无所事事、飞短流长的人也不在少数，结果自然都是以痛苦告终。这样的不幸只能靠内在的力量，亦即精神财富来抵御。精神越是丰富，就越不会感觉无聊。有活力的思想才是永远不会枯竭的啊！它总能从自己的内心和外界大自然中探索到新事物，并融会贯通——只要思想朝气蓬勃，精神振奋，除了个别放松的时刻不说，就能避免感到无聊。

但在另一个方面，这种高度的智力乐趣植根于高度的感受力。更强大的意志和激情相叠加，一方面增强了情感的强度，加大了人对所有精神的甚至肉体的痛苦的感受，同时也令人对于克服障碍更加不耐烦，对于被打扰更容易充满怨气；所有的情感都被想象力给放大了，包括不如意在内。不管智力程度和思想能力如何参差不齐，从最傻的笨蛋到最伟大的天才都适用于以上所说。

人，要么孤独，要么庸俗

无论是从主观还是客观来说，人总是在苦难的两端来回摇摆，越是接近某一端，那么距离不幸的另一端就越远。所以，人的自然天性会引导他，调节自己的客观世界尽可能地与他的主观世界相一致；意即，他会采取最强硬的措施来对抗他有可能遭受的不幸。

睿智的人会从痛苦不安中争取自由和闲暇，追求安宁、简朴、尽可能不被打扰的生活。所以，一旦对人或是人性有了认识与了解，他就会回归质朴；倘若他是一个具有大智慧的人，甚至会选择离群索居。**因为一个人自身拥有越多，想从他人身上获取的东西就越少，他人对他而言几乎没有意义，这也就是为什么一个具有高度智力的人通常是孤僻的。倘若智力的质量可以用数量来弥补，那么倒也值得活在芸芸众生之中；但不幸的是，一百个傻子也凑不成一个聪明人。**

处于痛苦另一端的人，那些智商不够、情商不足的人，一旦从贫困的痛苦中稍稍解脱出来，就会不惜任何代价去争取消遣和社交；纵情人生，只为了逃避自己——人一旦独处，自身固有的东西就会显现出来。

徒有其表的愚人们，背负着自己那低劣可怜的自身，无法摆脱，只能哀叹；而那些有才能的人，即使身处荒野之地，仍有他生气勃勃的思想相伴。

塞内加[1]宣称的**“愚蠢是愚蠢自身的包袱”**是一句真理，与耶稣所说的“愚人的人生比死亡更糟糕”[2]如出一辙。**总之一个人对与他人交往的热衷程度，和他的智力水平成反比，越是智力平庸且比较粗俗的人越是喜欢社交——要么孤独，要么庸俗，人活一世可以选择的其实并不多。**

① 塞内加（约前 4—65）：古罗马时代著名斯多葛学派哲学家。曾任尼禄皇帝的导师及顾问，公元 62 年因躲避政治斗争而引退，但仍于公元 65 年被尼禄逼迫自杀。

②《圣经后典·德训篇》，第二十二章第十一节。

无聊成了口头禅，是因为无知

如果将大脑及其意识视为一种人体器官的寄生物，寄居在人的身体中，那么闲暇就是一个人可以用来自由地享受大脑反映的自我意识或个性的时光，是平日忙碌辛苦挣来的果实。

但是大多数人在闲暇时做了什么呢？要么发傻瞎胡闹，要么倍感无聊和空虚。通过观察人们打发时光的方式，我们就知道闲暇对于那样的人而言简直毫无价值！正如亚里士多德所言："无知的人虚度光阴，多么可怜！"

普通人只想着如何打发他们的时间，而稍有天赋的人就会想如何好好利用自己的时间。**平庸的人更容易感到无聊的原因是，他们的智力不过是受意愿所驱动；而一旦没有了外界的刺激，意愿休息了，他们的智力也就放假了——因为智力和意愿一样，都需要借助一些外在事物来促使其发挥作用，而不会主动活动起来。**人的力量因此停滞郁积，这就是无聊。

为了化解无聊这种令人痛苦的感觉，人们转而追求可以带来片刻欢愉的琐事，以期借此唤醒意志力，并激活沉睡的智力。但与真实而天然的动机相比较，这就像纸币之于铸币——纸币不过是铸币的象征符号而已，其价值是随意的。例如纸牌之类的游戏。如果不玩这些游戏，人们通常会无所事事，要么掰掰手指，要么有节奏地敲敲桌子，再不然就是点上一根雪茄代替思考。因此，在各国，打牌都是主流的社交娱乐方式，这完全是在宣告“我们精神空虚，思想已经破产”——人们根本无思想可经营交流，只好打牌，并试图赢别人的钱，真是愚昧！

不过我可不想有失公允，一定要说的话，打牌也不失为一种演习，为了应付大千世界和以后的世俗生活而做的准备——因为一个人可以从中学习到如何精明地利用偶然却不可改变的手气，尽可能从他人那里获取更多：为了做到这一点，人必须得学会虚伪，学会如何在拿到一手臭牌的时候仍摆出高兴的样子来迷惑对手。

打牌就是动用一切、不择手段地赢取属于别人的东西——在牌桌上学到的这种习性，会生根发芽并逐渐蔓延到日常生活中，使人觉得人生不过是场牌局，“我的”和“你的”只是游戏概念而已；然后会想，只要不触碰法律底线，我就可以最大限度地利用自己的优势去谋取我所需要的。这样的例子在商业社会比比皆是。

正如我所说的，**闲暇是生命存在的花儿，更确切地说，是存在的果实。只有闲暇可以让一个人完全拥有属于自己的时光。**一个自身内在丰富多彩的人，在闲暇中才是最幸福的。看看大多数人如何消磨时光吧，这些没出息的“好人”，庸庸碌碌，甚至对自己而言都是个沉重的负担。

自由之子们，暗自庆幸吧！幸好你们不是出身贫贱，无须为生活所困。

你可能根本没认清自己

就像富裕的国家无须依赖进口，自给自足，人民就能过上幸福的小康生活；人也一样，自身拥有丰足的精神财富，对外在物质需求甚少或是根本无所求的，才是最幸福的人。因为进口的东西不但价格高昂花费不菲，又显示了对外的依赖性，但凡需要仰仗别人，就有风险，颇为麻烦；而且，很多昂贵的舶来品实际上不过是国产货的劣质替代品而已。

总之，人们不应该期望从别人或外部世界获得太多。一个人对另一个人而言并没有那么重要——说到底，人只能靠自己。就像歌德在他的自传《诗与真》中所说的真理，**“凡事溯本求源，人最终只能依靠自身”**；或者如戈德史密斯[①] 在《旅行者》中所言，**“不论身在何处，我们只能在我们自身创造或发现幸福”**。

自己，是一个人所能成为或所能得到的最好的、也是最多的资源。一个人在自身发现的乐趣越多，就越幸福。亚里士多德说得十

① 戈德史密斯（1728—1774）：英国作家，代表作《旅行者》。

分有道理，“想要快乐就得自给自足”。[1]因为其他一切的幸福来源，在本质上都是不确定的、不安全的、短暂的，具有偶然性，即便是在最有利的条件下，也都不可避免地有可能轻易消失殆尽。

随着年岁渐长而步入老年，依靠外界而得来的幸福大部分会干涸：届时爱情消逝，懒得打趣，没有精力重拾爱好，无论是对马匹还是旅行，或是社交，都提不起劲；朋友和亲人，也都随着死亡一一离我们而去。当这样的时刻来临，一个人自身拥有的更显得至关重要，时时刻刻如影随形，“自己”是幸福唯一真实且持久的来源。

这个世界并非慷慨无私，我们能从中得到的东西并不多。生活充满了痛苦和不幸，就算你侥幸逃脱，无聊也会无孔不入，即刻找上你。邪恶总能赢，愚昧最喧嚣。命运是残酷的，人类是可怜的。生活于这样一个世界，自身内在丰富的人，仿佛是圣诞节时一间温暖明亮的屋子，充满幸福感，而内心贫瘠的人只能是寒冬腊月的冰天雪地，无法摆脱苦闷。世间最大的幸福莫过于拥有丰富的个性，尤其是拥有良好的智力禀赋——尽管这可能并不会带来最光明的前途，但一定是最幸福的命运。

除了一些道听途说之外，瑞典女王克里斯蒂娜只读过笛卡尔的一篇论文，了解到笛卡尔曾在荷兰与世隔绝生活了二十年。年仅十九岁的女王非常睿智地这样评价他：“笛卡尔先生是最幸福的人，

①《欧德谟伦理学》，第七卷第二章。——原注

我真羡慕他的生活。”[①] 当然像笛卡尔这样的情形，必须要有足够优渥的外在条件，才能允许他成为他自己人生或幸福的主宰，就像我们在《旧约·传道书》中读到的：“智慧和产业并好，而且见天日的人，得智慧更为有益。”

被大自然和命运赐予了智慧的人，会小心谨慎地维持内在的幸福源泉畅通无阻——为了确保这一点，独立和闲暇必不可少。为了得到独立和闲暇，他会心甘情愿节制欲望，珍藏自己的资源，不愿像其他人一样，让自己的快乐受限于外部世界。所以，他不会被领导的期待、金钱或同事的赞赏与掌声误导，不会让自己妥协、去配合低级的欲望和庸俗的趣味。他还会遵照贺拉斯写给梅塞纳斯的书信中的建议——**千万不要牺牲自我的内在去换取外在，不要用一个人整个或绝大部分的安宁、闲暇和独立，去换取荣耀、地位、头衔和名气，否则就是最愚蠢的行为**——歌德就是这么干的，而我则幸运地走了相反的方向。

我在此坚持的真理，即，**人类的幸福主要源自内在**。亚里士多德的《尼各马可伦理学》[②] 通过大量精确的观察也证实了，任何乐趣都需要人去从事某种活动或是运用某种力量，没有这些前提就没有乐趣。根据亚里士多德的学说，幸福在于能够施展才能；斯托拜乌[③] 在他对逍遥派（即亚里士多德学派）哲学的阐述中也说了，**“幸福意味着充满活力地做你擅长的事并获得预期的结果”**。他特别说明“擅

---

①《笛卡尔传》，第十章。——原注

② 参见《尼各马可伦理学》，第一卷第七章，第七卷第十三、十四章。——原注

③ 斯托拜乌（约活动于5世纪）：马其顿学者，以编纂古希腊文献而闻名。

长”是指精通每一件需要运用我们的长处和能力去做的事情。大自然赋予人们这些力量的原始功用，就是为了帮助人们能够对抗他面对的困难。一旦这种对抗结束了，他的力量将没有用武之地，反而会成为负担。所以人们最好是不带任何目的性地使用这些力量，否则一旦避免了人类其他的痛苦，就会立即陷入另一种不幸，也就是“无聊”中。财力雄厚的达官贵人们尤其容易受到无聊的折磨。

没有真正的需求，就没有真正的乐趣

卢克莱修在很早以前就描绘过显贵们悲惨的生活状况。时至今日，那样的状况在大都市的日常生活中依然可以见到：

> 富人很少待在自家大厅里，那样会使他感到厌烦，可出了门又会发现外面也没多精彩，仍不得不回去；又或者仿佛房子着火了一般，他飞速前往乡间别墅，可一到那里，他就立刻呵欠连天，又觉得无聊了，只好倒头大睡以求忘记一切，或者再一次从乡村匆忙地赶回到城里。[①]

这样的人在年轻时，脑力常常赶不上他们旺盛的精力和过剩的体力。随着岁月的流逝，他们要么完全丧失思想的力量，要么对任何可供他们发挥的事都力不从心，陷入悲惨的境地。当然，他们仍保有意识欲念这唯一不会衰竭的力量，并试图通过玩一些刺激的、

---

① 卢克莱修《物性论》，第 186 页。三联书店，1958 年版。

碰运气的游戏，譬如一掷千金的豪赌，来激发意欲，这简直是最低级的恶趣味。当人们发现自己无事可做时，通常会选择某种他擅长的娱乐活动来消遣，比如打球、下棋、狩猎、画画、赛马、玩牌，或是欣赏音乐，或是研究诗歌、纹章学、哲学，等等。

我们可以把人们的兴趣爱好作为外在表现来进行系统归类，还原其根源所在，也就是三种基本的能力，所有乐趣都来源于此。撇开目标明确地促进能力发展不谈，每个人都可以从这几项能力本身中找到各自擅长的方面，并从中获得相应的乐趣。

第一种是生命力，包括饮食、作息、消化和睡眠，也就是人体新陈代谢的能力为我们带来的乐趣——在某些国家或地区，这一类的快乐甚至已成为某种全民娱乐。

第二种是发挥肌力获得的乐趣，有时以体育运动的形式出现，譬如走路、跑步、摔跤、跳舞、击剑、骑车等，有时则在军旅生活或是战事中体现。

最后是情感，或说是感觉的能力带给我们的乐趣，譬如通过观察、思考、感受获得的乐趣，或是品鉴诗歌和文化、音乐而来的乐趣，或是学习、冥想、阅读、发明创造、哲学思索等带来的乐趣，诸如此类。关于这些乐趣的价值、相对价值和持续性，还有许多东西可以讲，但我留给读者们来补充。

逃脱困住你生活的“活死人墓”

大家都能看出，使用的能力越是高尚，所能收获的乐趣就越是伟大。乐趣总是涉及个人力量的使用，幸福就存在于一连串的乐趣的重复中。比起另外两种基本的生理的乐趣来，感觉的能力带来的乐趣占据了更高的位置——同样是存在于世，人类的感觉能力远远大于动物，使得人有别于其他动物，存在的地位更为高级。感觉的能力表现为精神力量，它使我们能够获得必须依靠思想才能得到的乐趣，也就是所谓的智力乐趣。可以说，**越有思想，乐趣越大**。

普通人无论对任何事情产生兴趣，都是因为这件事刺激到他的意识欲望，也就是说，对他而言这是一件有切身兴趣的事。但是持续的刺激未必总是好的，也会带来痛苦。比如打牌这项看似风雅的流行娱乐，就可以提供刺激，但也只能提供一些微小又短暂的刺激，让那些真正且永恒的痛苦暂时得以麻痹——说到底打牌就是对意识欲念的一种隔靴搔痒。

一个人若是智力发达，就能够毫无杂念地对纯知识方面的事物产生浓厚兴趣。而且这样的兴趣对他来说才是必需品，有助于让他远离痛苦，并让身心感到祥和喜乐。

普通大众的生活，让人们醉心于各种满足个人安逸的渺小福利，却不得不对抗由此而生的各式不幸与苦难，并旷日持久地挣扎其中；一旦停止为实际生活操劳，人们将被打回原形，只能依靠自身内在时，人生就会被不堪忍受的无聊所包围，如同行尸走肉，只有疯狂的激情才能稍微点燃死气沉沉的生活。

被赋予了高度精神力量的人，过着思想丰富、多姿多彩、充满了生命活力和意义的人生，其自身就承载着最高尚的乐趣之源。他的头脑只为有价值、有趣味的事物所吸引，他想要的外界刺激来自大自然的鬼斧神工，来自对人生，对各个时代、各个国家伟大成就的思索——只有这样的人，才能真正享受世上的杰作，透彻理解并深切感受到这些杰作的伟大之处；也只有对他而言，那些曾经伟大的人和事才真切地存在过；也只有他才感受到了它们的吸引，其余的人不过是偶尔的过客而已，或一知半解，或道听途说。

这类聪明人的典型特征还包括他们比别人多了一项需求，那就是对阅读、观察、研究、冥想和实践的需求，简而言之，他们需要不被打扰的闲暇。

伏尔泰说得好，**“没有真正的需求，就没有真正的乐趣”**。因为怀有需求，譬如想要欣赏大自然的风景、文学、艺术等美好的事物，所以能享受乐趣；而对大部分人来说，即使被美景包围，也视而不见，感受不到乐趣——这就好比是我们要如何期望一个老朽之人坠入爱河呢？简直是徒劳的。

在思想智慧方面享有禀赋的人，除了日常的个人生活之外，

还享受着精神的生活，并且逐渐将精神生活作为唯一的真正的生活——实际上，日常的个人生活不过只是一种生活方式，只是获得精神生活的一种手段而已。

很多人过着浅薄、空虚和充满麻烦的生活，甚至将这样一种庸庸碌碌的生活视为人生目标。而那些聪明的人，会始终把对精神的追求放在其他一切追求之上：通过内在和知识的持续提升增长，生活的境界逐步提高，越来越连贯，并具有恒久的强度与统一性，就像精心雕琢的艺术品逐渐成形。与之相较，致力于追求个人舒适的人生，或许其宽度确实得到了拓展，却无法加深深度。可惜的是，这种所谓的“现实生活”对大众来说就是人生的目的，众人却不知道自己终此一生无非是做了一场可怜的表演。

每天的日常生活，若没有激情来驱动，就十分平淡乏味；而如果有激情，又很快会变得痛苦。只有那些思想禀赋超群的人才是幸运的，他们的智力超出了意识欲望所需，能够在日常生活之外，同时享有精神的生活，没有痛苦且妙趣横生。**享有精神生活，只依靠闲暇（意即，当智力无需由意识欲念来驱使的时候）是不够的，必须要有真正充足的力量，摆脱意识欲念的拘囿，才有资格从事纯粹的精神活动。**恰如塞内加所言，**“无知的玩乐也是一种死亡，相当于活死人之墓”**。

根据每个人思想能力程度的不同，与之相对应的精神生活可以无限发展，没有止境——小到收集昆虫标本，观察鸟类，研究矿石、硬币之类，大至创作诗歌或哲学作品，收获思想的最高成就。

精神生活不仅可以帮助我们避免无聊，还可以使我们免遭无聊的坏影响——将自己的幸福全部寄托在客观外在世界的人们，必然会受到各种各样的不幸、损失，甚至穷奢极欲带来的影响，其中还包括交友不慎导致的烦恼。唯有精神生活可以保护我们远离这些危险——譬如我的哲学虽从未带给我实惠，但帮我节省了许多开销。

人生两大苦：物质匮乏，精神空虚

一般人把身外之物当作人生的幸福来源，希望从财产、社会地位、妻室儿女、朋友或是社会那里得到幸福，所以当他失去这些东西或是发现这些令他失望的时候，他的幸福基础就崩塌了。换句话说，这个人的人生重心随着每一次心血来潮而不停改变，完全不在他自身。倘若他是一个富有的人，就可能是今天在乡下别墅消磨时光，明天在买马，或宴请朋友，或旅行——总之，他过着奢侈的生活是因为他只能从追求外在乐趣中获取满足，就像失去健康的病人，期望在各种汤药中重获力量，却不试着去发展他自身的生命力，而恰恰这才是他幸福的真正来源。

撇开极端的类型先不谈，让我们来看看比较居中的一类人——他们也许没有傲人的思想力，但又比泛泛之辈要多一些精神的追求。

一般来说，这样的人会对艺术有一点业余的兴趣，或对科学的某些分支感兴趣——譬如植物学、物理学、天文学、历史学，能在这类研究中发现莫大的乐趣——当幸福的外在来源枯竭，或不能满足他的时候，他会通过这些研究来自娱自乐。像这样的人，我们可以说，他的人生重心，部分在于他自身。但是，对艺术有浅薄的兴趣，与自发的创造是截然不同的；而对科学的业余追求则容易流于表面，不能深入事物的核心。

人不能把自己全然地等同于诸如此类的追求，也不能让自己的整个人生完完全全被它们渗透、填满，以至于对其他一切事物都失去了兴趣。唯有我们称之为天才的那些人，拥有最高的智力水平与思想禀赋，方可达到这种强度，将其一生的时间和精力都耗在某个主题上，将对人生作的思索以诗歌或哲学的方式呈现，力求表达对这个世界的独特理解。因此，对于天才来说，不被外界打扰地忙于自己的思想和作品，这样的需求十分迫切。他们乐于独处，闲暇是求之不得的恩赐，其他一切都是多余的，甚至是负担。唯有这类人的人生重心才可以算是完全在自己身上。这些罕见的人，不论他们的性格有多优秀，都不会像其他人那样，对朋友、家庭和一般的社会团体展现出过多的热情和强烈的兴趣；即便失去外在的一切，他们拥有的自身内在，也会让他们得到安慰。疏离和孤独是他们的特质，尤其是当其他人从未真正切实地满足过他们时，这种特质会产生更大的影响力。总的来说，这类人天赋异禀，他们也逐渐习惯了被当作异类游走在人群中，并在思考普通人性时会使用第三人称的“他们”，而不是第一人称的“我们”。

由此看来，天生被赋予了精神财富的人就是最幸福的人。的确，主观意识对我们的影响，远比客观事物的影响要大——不论客观是什么，都只能间接影响我们，而且还必须得通过主观意识才能发挥作用。卢奇安[①]形象地表达了这一真理，即“灵魂的财富是唯一真正的财富，其他的财富都伴随着更大的烦恼”。

内心富有的人对外界别无所求，他只要求保有不被打扰的闲暇，用来培养精神并完善智慧，从而享受自己的内在财富，在生命中的每时每刻都可以做自己。倘若他注定要在整个人类历史中留下烙印，那么对他来说，幸福或者不幸福，只有一个衡量标准，那就是，他是否能够完美地挖掘、发挥他的才能，并完成自己的杰作，其他一切皆微不足道。

各个时代最伟大的人物都将不被打扰的闲暇视作最宝贵的东西，其价值堪比一个人本身的价值。亚里士多德说：“幸福存在于闲暇中。”[②]第欧根尼·拉尔修[③]则宣告：“苏格拉底称赞闲暇是最美好的财产。”在《尼各马可伦理学》中，亚里士多德总结说，“献身于哲学研究的人生是最幸福的人生”；或者如他在《政治学》中所说，“任何力量，且不论这种力量是什么，只要能得到自由发挥，就是幸福的”。[④]这一点跟歌德在《威廉·迈斯特》中所说的一致：“天赋异禀的人注定要使用他的天赋，并从中获得至高的快乐。”

但是寻常老百姓很难拥有不被打扰的闲暇，因为这并不属于人的本性。普通人常见的命运就是将生命耗在为自己和家人的生活奔波上——为了求生而挣扎度日的人，很难有什么高尚的精神乐趣。

---

① 卢奇安（约125—180）：希腊修辞学家、讽刺作家。

②《尼各马可伦理学》，第十卷第七章。——原注

③ 第欧根尼·拉尔修（约前412—前323）：罗马帝国时代的古希腊哲学史家，编有古希腊哲学史料《名哲言行录》。

④《政治学》，第四卷第十一章。——原注

基本上人们很快就会厌倦不被打扰的闲暇。如果没有虚假的目标来促使其忙碌的话，这闲暇就会变成负担，人们只好用各种各样的玩乐消遣或爱好来打发时间；到最后闲暇甚至反倒变成痛苦，就像某句谚语所说："无所事事，就会躁动不安。"

当精神禀赋、智力程度远超过一般人的水准时，看起来也会是不正常且违反自然的。但如果真的有这样的人存在，那么这个人就是幸福的，他反而会想要那种其他人认为是负担、甚至是有害的不被打扰的闲暇，否则他就会像被束缚的双翼飞马珀伽索斯[①]一样快乐不起来。

如果外在的、不被打扰的闲暇，和内在的、伟大的智力禀赋，这两个特殊的条件恰好凑在一起，刚好发生在同一个人身上，那可真是最大的幸运。被命运如此眷顾的这个人可以过一种更加高级的生活，免遭人类两大痛苦根源——物质匮乏和精神无聊——的折磨；不用再承受为生存而努力挣扎之苦，也不用忍受长时间的闲暇造成的无聊之感——人生这两种痛苦唯有相互中和，人们才能摆脱困扰。

① 珀伽索斯：希腊神话中有双翼的飞马，它踩过的地方有泉水涌出，诗人饮之可获灵感。

“智慧”越多越忧伤？

不过还有一些不同的说法。

伟大的智力天赋往往意味着异常敏锐的特质，会对各种形式的痛苦有着高度的敏感。这样的天赋还意味着一种狂热执着的气质，对事物的认识更鲜明、更完整。伴随而来的卓越的思考能力，和与之相匹配的更猛烈的感知能力，使他们的情感比普通人更为强烈，并深受其苦——对他们来说，世间痛苦远甚于快乐。天资惊人的人极有可能疏远其他人和他们所做的事，**因为一个人自身所拥有的越多，他从别人身上所能发现、得到的就越少**；对别人来说乐此不疲的事，在他看来都是浅薄无聊的。这也许是“平衡法则”[①]到处发挥作用的又一佐证。

人们常常挂在嘴边的一些似是而非的说法是，虽然思想狭隘的人的命运并不令人羡慕，但实际上他们才是最幸福的人。我不打算

① 指自然万物均衡互补的属性。

在这一点上影响读者作出自己的判断；尤其是索福克勒斯[1]已经就两种截然相反的观点作出了评论。一方面，他说智慧是幸福最主要的因素；另一方面，他宣称不思考的人生是最愉快的人生。《旧约》中的贤哲们也同样莫衷一是，譬如，“愚人的人生比死亡更糟糕”“智慧越多，忧伤越多”，或是“增长知识，徒增烦恼”。

① 索福克勒斯（约前 496—前 406）：古希腊三大悲剧作家之一，他既相信神和命运的无上威力，又要求人们具有独立自主的精神，并对自己的行为负责。代表作品有《俄狄浦斯王》《安提戈涅》。

庸人测试

要我来说的话，一个没有精神需求的人，智力平平、思想狭隘，这样的人就是“庸人”（德语：philister）——这起初是德语中的俚语，在高校中风行一时，后来从一种更高的意义来指代没有灵性的人，也就是“不被缪斯女神眷顾的人”。我倾向于采取一个更高级的观点，把庸人这个词语运用到那些现实生活中庸庸碌碌的人们身上；但这样的定义有点抽象，不太好理解，在今天旨在追求流行的论文中几乎看不到。另外一个定义更容易阐述，指明了庸人的本质特性，即，一个没有精神需求的人就是庸人。

庸人没有智力的乐趣——正如前面已经提到过的，没有真正的需求就没有真正的乐趣。庸人的人生，不会被获取知识的欲望驱动，也不会受到对自己有利的洞察力的鼓舞，更不会去体验身边真正符合审美的乐趣。倘若这种乐趣是时尚的，为了跟上潮流，庸人会强迫自己不得不去注意它们，但实际上他对此几乎毫无兴趣。

庸人唯一真正的乐趣是感官的乐趣，他认为感官的乐趣可以弥补其他方面的损失。对他而言，牡蛎和香槟是生活的最高境界。他的生活目标就在于获取所有能带来安逸舒适的东西，如果这些事让他忙得团团转，那他反倒觉得无比幸福！

如果运气好，出身豪富，无须自己辛苦打拼，这样的人将不可避免地感到无聊；而为了摆脱无聊，只好依靠各种补救方法，比如打球、看戏、聚会、玩牌、赌博、赛马、沉迷女色、饮酒、旅行等等。但所有这些都不足以保证不无聊，因为没有真正的精神需求，就不可能快乐。

庸人的典型特征就是空虚麻木，没有生活重心，与动物类似。没有什么能够使他真正感到愉悦或兴奋，因为感官的乐趣很快会烟消云散，世界转眼就变得难以承受，甚至连打牌都令人厌倦。

幸好还有虚荣心带来的乐趣终生相伴。庸人们要么是为自己在财富、社会地位、影响和权力方面高人一等而得意扬扬；要么，至少也要追随着那些各方面都更显赫的人，沐浴在他们的华丽荣光之中——英国人把这样的情况叫作附庸风雅，而这样的人，自然就是势利眼。

庸人天生不具有智力需求，只有生理需求。他们倾向于找那些能够满足生理需求的人并与之抱团。他最不想要从朋友那里获得的就是任何一种思想的能力；若是不巧遇上了，这种思想的能力可能还会引起他的反感甚或憎恶——除了不愉快的自卑感之外，在他的内心深处还有着一种必须要小心翼翼隐藏起来的阴暗的嫉妒，这种嫉妒有时还会变成一种隐秘的怨恨感情。尽管如此，他依然不会想要提升自我的价值，或是尊重卓越的精神思想；他依然会继续追逐社会地位和财富，权力和影响力，对他来说，这些才是世上唯一真实的好处，他希望自己能在这些方面胜过别人。这一切都是他身为一个人却没有精神的需求导致的结果。

庸人最大的苦恼是对思想毫无兴趣，为了逃避无聊，他们只能不断地追求现实的东西。可惜“现实”要么不尽如人意——一旦穷尽，人就会感到倦怠，要么就是相当危险，祸害无穷。

而理念性的世界广袤无垠，平静如水，“超然于我们的忧伤”。[①]

① 在关于幸福涉及的个人素质、禀赋的讨论中，我主要关注了人的生理和智力素质。关于道德对幸福的直接和间接的影响请大家参考我的那篇获奖论文《道德的基础》(第二十二节)。——原注

第2课

人拥有什么?

财富犹如海水，喝得越多越口渴

伟大的“快乐导师”伊壁鸠鲁，将人类的需求划分为三大类。

首先是必要的自然需求，譬如衣食住行这一类比较容易得到满足的需求，但若得不到满足，就会产生痛苦。

其次，也是自然的需求，但并非必需，譬如某些感官的满足（在第欧根尼·拉尔修的记录中，伊壁鸠鲁并未提及他所说的感官意味着什么，我会在此补充一些，对他学说的论述在某种意义上将比其原文更为明确也更为准确[①]），要满足这些需求相对来说难一点。

第三类需求是既非自然的也非必需的，那就是对奢侈、铺张或是浮华的无止境的需求，这类需求更是难以满足。

人类对财富的渴望，到什么程度才算合理呢？这很难界定。

因为要满足一个人对财富的欲望，无法用绝对或明确的数量来衡量，只能在一个人期待得到的财产和他实际拥有的财产之间，取

① 参见第欧根尼·拉尔修《名哲言行录》，第十卷第二十七节，第127—149页；以及西塞罗的《论善恶》，第一卷第十三节。——原注

一个相对的量。**衡量一个人的幸福若是只看他拥有了什么，而不结合他想要得到什么一起作参考，这就好比计算一个只有分子却没有分母的分式，是无效的。**

一个人若是从未想过要得到某样东西，那么也就不会感到失去，有没有这样东西，他都一样高兴；而得不到想要的东西，才会使人倍感痛苦。

每个人都期望得到更多，但格局限制了我们的视野，视野限制了我们的所得。如果有一个东西摆在眼前，并且看起来是在轻而易举就能够得着的范围之内，我们就会很高兴；但是如果中途困难重重，我们就会觉得苦恼。但那些超出视野之外的东西则对我们毫无影响。所以，富人们大把的钱财对穷人来说并没有什么影响，反倒是一个有钱人却会因为某个希望落空而无法从他的财富中得到安慰。**财富就像是海水，越喝越渴，名望也是这样。**

为什么失去财富、繁华过尽后，一旦最初的剧痛结束，人们很快就会恢复到以往的习性中去呢？这是因为一旦命运减少了我们拥有的财富量，人们很快就会相应地减少自己对财富的索取量，降低了要求。

当不幸降临的时候，减少我们的需求量是最痛苦的地方；但当我们这么做了，痛苦就会变得越来越少，直到毫无感觉，就像是伤口慢慢愈合了。反过来，若是好运当头，我们的需求就会膨胀起来，快乐也因此应运而生。可惜这种喜悦的感觉持续不了多久，膨胀感一旦结束，喜悦也就戛然而止——我们习惯了已经扩大的外在需求，欲求越来越多，对已经拥有的财富就会不以为然。在《奥德赛》中有一篇文章说明了这个真理：“人们踌躇不定，就像人神之父赐予的白昼。”

我们之所以感到不满，就是因为我们的欲求越来越多，期望越来越高，却总也无法企及，永远不能满足。

人类的存在完全植根于各种令人眼花缭乱的需求上，难怪我们重视财富胜过其他任何东西。不必再惊叹获取利益已成为人生唯一的目标，一切不能谋利的都被踢到了犄角旮旯——譬如哲学，就一早被声称信奉它的人扔到一边去了。

人们常常因为渴望金钱、热爱金钱胜过其他一切，而受到谴责。但实际上，人类天生就是热爱金钱，这种热爱是不可避免的。因为金钱啊，就像是不知疲倦的希腊海神，能够满足人类对一切物品的需求和各种欲望。其他的任何东西，一次只能满足一个愿望、一项需求：饿了才需要食物；想喝的时候，酒才醇美；病人需要药物；只有在冬天才需要穿裘皮大衣；而爱情，只对年轻人来说是绕不开的，诸如此类。所有这些都只是相对的“好”，只有金钱才是绝对意义上的“好”——它并不只是满足某一特定的具象的需求，金钱甚至可以满足一切抽象的需求。

穷人比富人更易挥霍

如若一个人拥有一笔独立的财产，他应当将其视作堡垒，用来对抗许多可能会遭遇的恶事和不幸；而不应仅仅将其视为一份礼物，一份可以让他从外界获取乐趣的礼物；更不应认为他就该义不容辞地将这笔财产挥霍一空。

当出身贫困的人，通过努力，运用他所具有的天赋，最终挣得了一大笔财富时，通常会认为自己所拥有的天赋就是资本，而他们挣来的钱只是天赋产生的利息而已。他们不会考虑要把所得的一部分金钱转变成固定资产，而是赚多少就花多少。因此他们时常陷入贫穷，财产变少，甚至花光，这要么是因为他们的天赋枯竭了，譬如那些搞艺术创作的人；要么是因为他的天赋只适用于某个特定时期，而那个时代已经过去了。

那些依靠劳力和技术白手起家的人，喜欢赚多少就花多少，这无可厚非。因为他们掌握的技能不大可能会消失，就算真的消失了，也可以用同行其他技能来替代；而且他们所从事的工作永远是有市场需求的，就像一句格言说的，“学门手艺，一劳永逸”。

艺术家和各领域的专家往往能够获得很高的报酬。他们本应当用自己挣得的钱财形成一笔资产，但他们将其作为自己天赋的一点利息，最终挥霍殆尽。

继承了遗产的人们至少还知道应该如何区分本金与利息。他们中的大部分人都会想尽办法保证本金的安全，不会动它；倘若条件允许，他们甚至会将其八分之一的利息拿出来存好，以备将来不时之需，大多数人因此都能够维持自己固有的生活。

关于本金和利息的只言片语对商人而言是不适用的。商人只是把钱当作挣钱的工具，就好像工人对待他的工具。即便他们的资产全部是辛苦挣来的，他们仍会千方百计运用金钱使其保值、增值，所以商人阶级比其他任何阶级都更懂得如何运用金钱，他们是最富裕的人。

人为什么不能太穷？

比起从没真正体验过贫穷的人来，那些经历过匮乏的人更不害怕贫穷，也更容易铺张浪费。出身良好的人通常比那些一夜暴富的人对未来更加慎重，生活上更加节制。乍看之下贫穷似乎并不是太可怕。生来就富有的人们将财富看成是没有它就不能活的东西，如同空气。他们有条不紊、精打细算，并且勤俭节约，终其一生都在守护自己的财产。

世代受穷的人家，对贫穷早已习以为常。倘若偶然的机会让他发了财，他会将之视为巨大的盈余，就该用来享受或浪费。即使钱花光了，他最多不过是打回原形，跟以前一样，还省事了呢！就像莎士比亚在他的《亨利六世》中所说："乞儿得马，骑死方罢——是否属实，有待查证。"[①] 可以说这一类人，对命运也好，对自己的能力也罢，都有着全身心的略显过度的信任。与那些天生有钱的人不一样，他们并不认为贫穷是个怎么都爬不出来的无底洞。就算再次陷

①《亨利六世》下篇，第一幕第四场。——原注

入贫困，他们只会认为那就从头开始，打场翻身仗就好。

人类天性中的这种特性，很好地解释了为什么婚前出身贫寒的女性比起那些给丈夫带了一大笔嫁妆的女性，通常有着更多欲求，更容易挥霍浪费——富家千金带给丈夫的，不仅是一笔财产，还有血液中那股比贫穷女孩儿更强烈的想要去守护这笔财产的热望。如果有人怀疑这点，并认为结论应该是相反的，那么他可以在阿里奥斯托的第一篇讽刺作品中找到权威的支持。但是，约翰逊博士[①]则同意我的观点。他说："一个富有的女人，习惯运用金钱，会明智而审慎地花钱；但一个在婚礼上才首次掌握经济大权的女人却渴望花钱，常常一掷千金导致挥霍浪费。"（《约翰逊的一生》）以防万一，我奉劝那些娶了贫穷女孩儿的人们，不要把本金留给她们，只给她们一份年金即可，还要特别注意不要把孩子该继承的财产交给她们打理。

无论如何，当我在建议人们谨慎守住他们已经挣得的或继承来的财产时，并不认为自己是在浪费时间说一件不值一提的事情。

生活初始，拥有的越多，就越容易保持个人的独立性，也就是说，可以不必辛苦劳作而舒服地生活着。就算拥有的只够自己这样生活，并不能顾及全家人，这也是一项不可小觑的优势，这意味着对贫穷这项慢性疾病免疫，意味着从普罗大众天然的命运，也就是

① 约翰逊博士：即塞缪尔·约翰逊（1709—1784），英国诗人、评论家、传记作者、散文家和辞典编纂者。

从事体力劳动中解脱出来了。唯有得到上天如此眷顾的人，才可以说是生来自由的人，是他自己的时间和力量的主人，能够在每一个清晨对自己说："今天只属于我自己。"

收入一百块的人和收入一千块的人之间的差别，比收入一百块的人和身无分文的人之间的差别要小得多。当具有高度精神禀赋的人继承了大笔家产，那么这笔财产将发挥出它最大的价值：这种人可以说是得到了命运的双倍眷顾，无须操劳，可以只为他的才智而活；他可以创造出既能服务普通大众，又能提增自己荣誉的作品，取得别人达不到的成就，百倍偿还他所欠下的俗世的账；或是使用其财富来开展慈善事业，更好地为同胞们服务。

如果一个人什么事都不做，也不打算尝试去做，甚至没想过要学习一下，提升自己——如果是这样一个人，即便他生来就富有，那么他也只是一个懒汉、一个时间的小偷，只是一个可耻的游手好闲的人。像他这样是不会感觉幸福的，即使被豁免于贫穷，也会被推到人类痛苦的另外一个极端：无聊，这对他而言无疑是一种折磨——如果贫穷让他不得不奔波，可能还会好过点。当这种人无聊的时候，他更容易挥霍浪费，并最终失去这种他认为对自己而言没有价值的优势——富有。数不胜数的有钱人最后一贫如洗，就是因为他们有钱就挥霍，花钱只是为了获得瞬间的解脱，以逃离压迫他们的无聊感而已。

一贫如洗，也可以是你的优势

倘若一个人的人生目标是在政治生活中获得成功则另当别论。

为了一步一步往上爬，首先必须获得他人的赞同，赢得朋友，建立人脉，通过他们的帮助一步一步加官晋爵、平步青云——有这种鸿鹄之志的人最好出身一文不名。一个并非出身名门望族的人，有抱负，并且具备一定才能，那么贫苦的生活绝对会把他的优势淋漓尽致地发挥出来，他甚至可以因此获得贵人提携。

人与人之间在日常接触中，最喜欢做的就是证明其他人都不如自己——这种情形在政治生活中是多么的司空见惯！

只有一个绝对的穷光蛋，会从各个角度分析，确信自己从头到尾、从里到外没有任何优势可言，确信自己无足轻重、一钱不值，只有这样，他才可以心安理得地成为政治机器中的一颗螺丝钉，他可以毫无顾忌地卑躬屈膝、奴颜谄媚，必要时甚至还可以匍匐在地。他就是那个可以无条件服从一切、并且嘲笑一切的人，荣誉对他而言毫无价值；在和上司或任何官居高位的人交谈或通信的时候，他会用最响亮的嗓音和最醒目的字体来吹捧对方——就连那些人随便写了几个字，他也准备将其捧为杰作而大力鼓掌。他从青年时期开始就知道该如何点头哈腰、摇尾乞怜，他就是歌德笔下那个通晓所有隐秘真理的大祭司：**抱怨卑鄙和下流有什么意义呢？整个世界都归它们统治。**

那些免于生存之役的富家子弟们，通常在思想上会有某种程度的独立性，不受约束。他们习惯于昂起自己高傲的头颅，还未曾学会上述为人处世的艺术。即使拥有某些才华，但实际上他们应该也意识到了：才华，永远无法与讨好逢迎的本事相匹敌。最终他们会辨认出那些爬到他们头上的人是多么平庸卑劣，每当遭受那样的人侮辱时，他们就会羞愤难当，可这显然不是适于这个世界的生存之道。他们和伏尔泰一样喟叹："人生苦短，何必浪费时间去迎合卑鄙的流氓？不值得！"但是，哎呀！让我来这么说吧，世上绝大多数人都是"卑鄙的流氓"，这已然成了一种社会属性。尤维纳利斯[①]说：**"才华在贫穷面前不堪一击。"**比起政治和社会野心，这番话用在文学和艺术生活领域更合适。

在谈到"人拥有什么"时，我并没有把妻子和孩子包括其中——与其说一个人拥有妻儿，还不如说他为他们所拥有。把朋友归到这一类更容易一些，既可说他属于朋友，也可说朋友们属于他。

① 尤维纳利斯（约60—140）：古罗马著名的讽刺诗人。

第3课

你在他人眼中是什么样的?

谎话为什么受欢迎?

作为人类天性中一大特有的弱点，人们总是对别人是如何看待自己的想太多。其实不管别人怎么看我们，都与我们的幸福无关。

我很难理解为什么一个人看到其他人对自己有一个好的评价，或是说了点满足他虚荣心的吹捧的话时，会觉得非常开心。

抚摸猫咪，它会很享受地发出咕噜咕噜的声音；夸奖别人，对方会立刻容光焕发——只要这是一件他引以为傲的事情，那么即便这称赞是假的他也照收不误，谎话也还是会受到欢迎。只要有人为他鼓掌，他就可以从自己极度的不幸中振作一点，或是用财富来慰藉自己。但凡是有损他自我重要感的，且不论这伤害的性质、程度或起因是怎么样的，任何贬低他的言行，怠慢或蔑视，都会让他感到烦躁不安，甚至受到很深的伤害——可见一个人被他人看法影响的程度之深，实在令人惊讶!

荣誉感，来自人类独特的天性，若作为道德的替代品，对多数人来说倒不失为一剂苦口良药。

一旦涉及幸福，拥有无谓的荣誉感则弊大于利，毕竟只有来自思想的平静和独立才对幸福的获得有着本质影响。所以从这点上来看，建议大家不要放任这一人性的弱点，好好思考一下它的价值，既不高估也不小看；不管其他人是吹捧我们、满足我们的虚荣心，还是贬低我们、伤害我们的感情，都要尽可能不卑不亢、宠辱不惊。否则，一个人就会沦为其他人看法或意见的奴隶，“要搅乱或抚慰那些渴求赞美的人的心，是多么容易啊，只需一点点撩拨”。[①]

① 贺拉斯《书信集》，第二部第一首。

别过于在意他人的眼光

让我们来认真比较一下"一个人如何看待他自己"和"别人眼中的他是怎么样的"这两者的价值，这将对我们获得幸福大有裨益。

一个人是如何看待他自己的，包括了前面讨论的"人是什么"和"人有什么"所涉及的各项内容，也就是我们生存的意义，所有这一切都发生在我们自己的意识领域。

对他人而言我们是怎样的，换言之，我们在他人眼中的形象如何，则发生在别人的意识领域。[①] 但是这些都没有直接且即时地作用于我们的存在，只能间接而缓慢地影响我们。只有当他人的行为，如启发我们去修正"如何看待自己"时，才能对我们有所影响。

除此之外，他人在想些什么，对我们来说一点也不重要——当我们知道了大多数人的想法有多么浅薄琐碎，他们的观点是多么狭隘，他们的态度是多么刻薄，他们的意见是多么的自以为是，他们

① 在大摆排场极尽奢华之余，上流社会的人尽可以这样说：我们的幸福与我们无关，只存于别人的脑袋里。——原注

的意识是多么错误百出甚至荒谬绝伦时，对来自他人的看法就会淡然处之。而且从我们自身经历也可以知道，当一个人不需要害怕对方，或认为自己说的话不会传到对方的耳朵里时，他会如何贬低别人。这些都在告诉我们，他人的看法确实与我们本身没有关系，完全可以置之不理。

如果有机会见证那些最伟大的人是如何尽量避免与傻瓜们打交道的，我们就会明白，过于在意他人说的话实在是太看得起他们了！

一个人若不能在前面已经讨论过的自身内在本质和外在财富资源中找到幸福，而硬要从别人对自己的看法中来寻求满足，那真的是太不幸了。

我们存在的整个基础，人生幸福的基础，首先是我们的体格健康，其次是可维持我们独立自由生活的能力。这些本质因素之间不存在孰先孰后，都是不可替代的；而荣誉、奢华享受、社会地位和名声，不论其价值被我们如何高估，在必要的时候，任何人都应毫不犹豫地将之牺牲舍弃，以换取本质的幸福。

我们应该及时认识到一个简单的真理，那就是**一个人首先是并确实是寄居于他自身的皮囊中，而不是存在于他人的看法中**；所以我们个人生活的实际条件，如健康、性情、能力、收入、妻子、孩子、朋友、住所，比别人想怎么看我们，要重要一百倍——没有这一点基本认知，我们就会活得痛苦不堪。

倘若有人非要坚持荣誉比生命本身更重要，他们的意思就是，生存和幸福，跟其他人的看法相比，一钱不值。当然，这也可能只是在用一种比较夸张的方式来表明一个平淡无奇的真理，即，想要在世上安身立命，名声口碑，也即他人对我们的看法，是必不可少的；关于这一点我回头再继续谈论。

人们不遗余力拼命进取，历经艰难险阻，到最后，所求的无非只是提升他们在世人眼中的价值。除了公职、头衔、荣誉，人们还追求财富，甚至知识[①]和艺术。但所有努力的终极目标，都只是为了获得同伴们更多尊重，这难道不是人类愚不可及的又一个证明吗？

过于重视别人的意见和看法是十分常见的错误。这可能是一个根植于人类天性的错误，也可能是文明和社会发展的结果。但不论根源是什么，这个错误过度影响了我们的所作所为，损害了我们的幸福。

顾忌“别人会怎么说呢”，时刻留意他人将要说什么，堪称是一种胆小的奴性。极端的例子如弗吉厄尼斯剑插女儿心脏，诱使许多人牺牲安宁、财富、健康，甚至为了死后的荣耀而不惜牺牲生命。这种情感对企图控制或统治别人的人来说，倒是一件非常便利的工具——维持和强化这种荣誉感，在各种训练人的手段中都占据了重要位置。但涉及人类的幸福，荣誉感就完全是另一码事了。

我要郑重地提醒人们，不要太在意别人对自己的看法。但日常生活经验告诉我们，这恰好是人们始终坚持在犯的一个错误——大多数人都过度重视别人的想法，比起自己脑子里在想的、最直接且即时地能影响自己的东西来，他们更关心别人是怎么看自己的。

① 知识是无用的，除非别人知道你拥有它。——原注

错把他人的看法当作真实的存在，把自己的意识当成是阴影；把衍生物和次级的当成是主要的，并认为他们向世人展示的形象比他们自己本身更重要，真是本末倒置！试图从非直接且非即时的存在中，得到一个直接且即时的结果，这就是陷入了虚荣之中，愚蠢至极——“虚荣”一词，恰当地表达了这种状态既没有实体承载也没有本质价值，虚幻又空洞。就像守财奴过于热衷追求金钱，不择手段，却忘了到底是为什么要追求。

我们赋予他人看法的价值，我们为了获得他人好感而孜孜不倦的努力，与我们希望得到的结果极不相称。对他人态度的关注简直就是一种人类与生俱来的普遍狂热症。

瞧瞧人类为了他人的看法付出了怎样的代价——

无论我们做什么，首先考虑的几乎都是：别人会怎么说? 如果不是那么焦虑“别人会怎么看我”，至少有十分之九的奢侈品将不复存在。所谓“荣耀”“骄傲”，不管形式内容有何不同，说到底也都是在焦虑“别人会怎么看我”。

生活中将近过半的麻烦和困扰，究其根源，都是出于这种焦虑。所有的矫揉造作、妄自尊大、虚荣以及自负，也都是来自这种焦虑。

我们之所以频繁地感到焦虑，就是因为我们那可怜的自尊心实在太脆弱太敏感。

从孩提时代开始，荣誉感就初露端倪；到了青年、壮年时期，对名誉、荣耀的追求更为明显；直至老年，随着感官享乐能力的衰退，虚荣心和骄傲便占据了主导地位，已然到了顶点。

最佳范例非法国人莫属。他们那荒谬的野心、荒唐的民族虚荣心和恬不知耻的自我吹嘘，堪称一种法式流行病。他们目标高远，但往往事与愿违，白白给人耻笑，被世人戏称为“伟大的民族”。

拔掉引发痛苦的那根“肉刺”

说到对他人的看法有悖常理地极度关心的例子，请允许我从1846年3月31日的《泰晤士报》中引用一段文章，关于一个叫托马斯·威克斯的死刑犯被行刑时的情况。托马斯·威克斯是一名学徒，出于报复，谋杀了自己的师傅——非常符合我们引用它的目的，虽然环境和人物略显极端，但综合来看，不失为一幅颇具冲击力的愚人肖像图，让我们可以从中了解，人类那“在意别人看法”的愚昧天性，到底能达到怎样的程度。

报道说，在执行死刑的那天上午，负责聆听托马斯·威克斯忏悔的牧师早早地就来到他的身边。但是威克斯对牧师的到来毫无兴趣，他只对临死前要在他的看客们面前表现得“勇敢一点”这件事感到焦虑不安。当然威克斯成功地表现出勇气，向断头台走去时，就仿佛是走进教堂的院子，他用让周围的人都能听见的音量说道：“正如多德博士所言，我很快就要知道那最伟大的秘密了。”这个可怜虫没有让任何人搀扶，自己走上断头台，还对看客们左右鞠躬，引得台下那些堕落的观众们欢声雷动。

一个人用这种方式接受死亡真是一个绝妙的例子。可怖的死亡近在咫尺，跨越过去就是茫茫永恒，而他只关心自己会留给一群看热闹的人什么样的印象，以及他死后别人会怎么谈论他。

类似的案例还有勒孔案，此人以弑君罪在法兰克福被执行死刑，时间也是 1846 年。在审讯过程中，他因为自己未被允许穿着体面的服装出现在上议院，而显得十分焦虑不安；而在行刑那天，他由于没得到允许剃须洗面更是感到特别痛苦。

这不仅仅是在我们现代社会才出现的情况。马特奥·阿莱曼[1]在他那著名的爱情小说《古斯曼·德·阿尔法拉切》的引言部分就告诉我们，许多昏头昏脑的罪犯，不抓紧最后的时光好好忏悔，拯救自己的灵魂，却一心扑在准备死前感言上。

我之所以采用这些极端的案例来佐证我的观点，是因为它们淋漓尽致地展现了我们的天性。我们所有的焦虑、忧愁、困扰、迷惑、不安以及操劳，很大程度上都是因为在意别人会怎么说，就跟那些可怜的罪犯一样愚蠢。嫉妒和憎恨也大多出自同一根源。

很显然，**幸福主要依赖思想平和与内心满足**。要增进幸福感，必须减少人类这种天性的冲动，并将其控制在一个合理的范围内，如现在的五十分之一。通过这种方式，我们就可以拔掉总是引起痛苦的那根肉中刺。但这是一件非常困难的事，因为这种冲动毕竟是人类与生俱来的乖僻天性。

---

① 马特奥·阿莱曼（约 1547—1614）：文艺复兴时期西班牙小说家。

塔西佗[①]说："就连智者也很难抵御名扬四海的诱惑。"[②]要想杜绝这普遍的愚蠢行径，唯一的方法就是认识到这种行径的愚蠢。要知道大多数人脑子里的观念都有可能是错误的、执拗的、荒谬的，因此，对他们的任何关注都是没有意义的。在生活中绝大部分的情况下，他人的想法对我们很少能够产生真实而正面的影响。这种不必要的关注常常使人一听到任何有关他的话，或光是别人说起他时的语调，就担心得要命。

最后，我们还应当清楚这样一个事实，即荣誉本身并没有直接价值，只有间接价值。倘若人们能摒弃追求荣誉这一普遍的蠢行，将会给我们思想的平静和愉悦带来莫大的助益——人们将以一种更加坚定、更加自信的姿态来面对世界，行为举止也将更加真实、更加自然。

隐居这一生活方式之所以非常有益于我们思想的平和，主要就是因为我们终于不用再活在别人的视线里了，不必再关注别人会对我们有这样那样的看法了，也就是说，我们终于回归了真我。同时还可以避免许多真正的不幸，比如被别人无可救药的愚蠢引入歧途。这样一来，我们就可以更多地关注真正的现实，不被打扰地享受现实生活。

但值得去做的事常常很难做到，就像俗话说的，从来好事多磨难。

---

① 塔西佗（约55—120）：古代罗马最伟大的历史学家之一。

② 希罗多德《历史》，第四卷第六节。——原注

不必“谦虚”，只管骄傲

人类天性中的愚蠢，还生出了另外三根新芽：野心、虚荣和骄傲。

虚荣和骄傲的差别在于：骄傲是坚信自己在某一方面拥有至高无上的价值；而虚荣是渴望别人相信自己具有某方面的价值，通常还伴随着一种隐秘的希望——希望通过唤起别人的确信，最终能使自己同样确信。

骄傲源于内，是对自我的一种直接的欣赏。虚荣则是渴望能从外界间接获得这种自我欣赏。

虚荣自负的人通常喜欢夸夸其谈，而骄傲自大者则多半沉默寡言。但是虚荣的人既然一心争取别人的认可，那么就应当意识到，就算自己的确有很好的谈资，但也许保持适当的沉默，比聒噪更容易获得他人的好感。

不是任何人都能成为骄傲的人，普通人只能做做样子，他们很快就会放弃扮演骄傲，回到自己的本来面目。唯有坚定不移地确信自身具有无与伦比的价值和特殊的重要性，才会让一个人产生君临天下般骄傲的感觉。当然他的这份确信很有可能只是误会，或是性格使然，但只要他对自己的价值深信不疑，就无损他的骄傲。植根于信念的骄傲，就像其他形式的知识，已然成为一种客观存在的品质，而非我们的主观意识。

虚荣是骄傲最大的敌人，也是最大的障碍。骄傲的前提条件就是对自己的价值确信不疑，而虚荣则是为了博取他人的赞扬，从中获得对自我价值的肯定，处心积虑讨好别人，四处逢迎。

骄傲常常引来诋毁和抨击。但我猜想，诋毁抨击别人的，多是那些自身没什么可骄傲的人。

考虑到大多数人的厚颜无耻，但凡自己具有任何长处或优点，人们就应该把它们牢记于心——如果我们善意地忽略自己的优势，与其他人过从密切，那么那些人肯定会把我们当作同一级别的自己人来对待。

我要特别提醒那些最卓越的人，卓越是一种纯粹的个人天性，不像勋章和头衔，时刻都要引人注意。要知道过分随和反而容易让人轻视，就像罗马人过去常说的，“愚人倒来教导智者”；或是像阿拉伯谚语说的，“若你纡尊降贵跟一个低贱的人开玩笑，他很快就会蹬鼻子上脸”；当然还有伟大的贺拉斯也在教导我们，“该你得的荣誉，就千万不要客气”。

当谦虚成为一种“美德”，愚人反倒获利最多——谦虚若是美德，那岂不是人人都得把自己说成是个傻瓜才行？谦虚实际上拉平了人们之间的差距，仿佛这个世界上就只有傻瓜似的。

最廉价的骄傲是民族骄傲，也就是所谓的“民族自豪感”——如果一个人号称为他的国家或民族自豪，那只能说明他本身并没有什么可值得骄傲的，否则也不会抓着那些千百万人共有的东西引以为荣了。

有个性、有见识的人，会更加清晰地发现自己民族的缺点，因为这些缺陷就暴露在他眼前。但一个可怜的傻瓜自身没什么可令他骄傲的，就只能把自己所属的国家、民族当作最后依靠，为其感到骄傲。他为自己的自卑找到庇护，随时准备拼死为其错误和愚行进行辩护，不分青红皂白，连其缺点也誓死捍卫。举个例子，倘若用一种理所应当的轻蔑口吻说到英吉利民族的愚蠢和偏执，你就会发现五十个英国人里也很难找出一个人赞同你，即便有那么一个，也只能说他大概刚好是个理智的人。

德国人没有民族自豪的情结。就像大家一致认可的，充分说明这是一个诚实的民族！但也有一些可笑的人——主要是那些“德意志兄弟”和政客们，装模作样地宣称为德国感到骄傲，曲意奉承、蛊惑人心，其实只是为了误导国民，多么的虚伪！他们甚至说德国人发明了黑色火药，我也对此持怀疑态度。

利希滕贝格[①]问：“为什么没几个人会冒充德国人？一般人似乎更喜欢冒充法国人或英国人，这是为什么？”我想也许这就是因为

---

① 利希滕贝格（1742—1799）：18世纪下半叶德国的启蒙学者，杰出的思想家、讽刺作家、政论家。

个性远比民族性更重要，在任何情况下，都应当首先考虑个人的独特个性。既然无法在不涉及若干民众的前提下去提及国民性，那么就根本无法做到在高声赞扬的同时，还能保持诚实。

在每一个国家，人类那些卑劣、刚愎自用、做作等都集中以某种形式表现出来，这就是所谓的“民族性”或“国民性”。我们厌烦这个民族，赞扬那个民族，再转而追捧另一个民族，每个民族都在嘲笑别的民族，这不过是以五十步笑百步而已。

与华而不实的社会地位说再见

我们在世人面前扮演的角色，或说别人是如何看待我们的，还可以进一步分为三项：地位、荣誉和声望。

我们先来看看社会地位。

尽管在普罗大众看来，地位很重要，它也是国家机器中最为重要的齿轮，但是我用三言两语就可以打发它。

社会地位具有一种纯粹的传统价值，也就是世俗的价值。严格说来，它是华而不实的，它的作用是要得到一种虚假的尊重，这完全就是一场闹剧。

勋章，据说是代表了民意所向，其价值由发放人的信誉决定。当然，它还可以代替抚恤金，为国家节省了一大笔开销。颁发勋章若是严格慎重，有的放矢，人们还可以将其用作他途。

大众除了长了眼睛和耳朵（这一点毋庸置疑）以外，就再无其他，并没有多少人能物尽其用——实际上人们很少评判，记忆力也尤其差。

有些人为国家做出杰出贡献，但超出常人理解的范围，即便在某一段时期内受到了人们的赞赏和吹捧，也很快就会被抛诸脑后。因此，我认为，用一枚十字架或星星的勋章时时刻刻提醒人民大众“这个人跟你不一样，他为国家做了一些重要的事情”是很有必要的。但是，当勋章没有被公正地使用，或未经选择肆意滥用，或使用它的人数过于庞大时，它就会失去价值——君王应当像商人签支票那样谨慎地为人授勋。没有必要在勋章上冗词赘句地刻上表彰功勋的话语，这不过是画蛇添足，每一枚勋章都应当不言而喻是为奖励重要贡献而颁发的。

荣誉的本质

荣誉是比社会地位大得多的问题，也更难讨论。让我们试着从给它定义开始。

如果我说，荣誉是外在的良心，而良心是内在的荣誉，无疑会有一大群人赞同这一说法；但是，这样的定义太抽象且空洞，很难洞穿事情的本质。

所谓荣誉，客观来看，是其他人对我们的价值的看法；主观地看，就是我们对别人这种看法的重视——由此可见，若要享誉四方，就要对他人产生有益的、并非只是道德层面的影响。

但凡一个人尚未彻底堕落，就会有荣誉感和羞耻感，并格外珍惜荣誉。因为单凭一己之力能够做成的事很少，就像鲁滨逊流落荒岛。**唯有置身于社会群体之中，个人的力量才能最大限度地焕发活力。**

随着社会意识的发展，人类渴望被看作是对社会有用的一分子，一个有能力、并尽全力履行社会责任的人，一个有资格享受社会各种福利的人。

要成为有用的社会成员，必须做到两件事：首先是社会要求每个人都要做到的事；其次，要肩负起自己身处的特定社会地位所要求的责任。

但问题的关键，并不在于是否自认为有用，而在于别人是否也这样认为。所以人们会竭尽全力讨好世界，并认为这才是值得去做的事。这样一种讨好的心态源自人类弱点天性，原始且与生俱来，也就是所谓的荣誉感或羞耻感。一个人只要想到自己受人非议，就会感到羞愧耻辱，即便他知道自己是无辜的，并非都是他的错，依然会面红耳赤。

确信别人喜欢自己、肯定自己，可以极大地增强人们生活的勇气。别人对自己的肯定，意味着所有人将一起为他提供帮助和保护，比起单打独斗，这更能让他鼓起勇气对抗生活的不幸。

公民荣誉：人渴望被尊重

人与人之间的关系具有多样性，主要有三种类型：普通民众如你我之间的关系，契约的关系，两性之间的关系。

通过在以上三种关系中获取他人好感，建立信任，由此对应而生的荣誉也各不相同——我把它们分为：公民荣誉、公职荣誉和两性荣誉。

公民荣誉范围最广。假设的前提是我们会无条件尊重他人的权利，绝不使用任何不正当或违法的手段谋取私利。这是人与人之间和平相处的先决条件。任何公然妨碍或明显严重违背上述交往前提的行为，包括因此受到判罚（假定这个判罚是公正的），都将损害公民荣誉。

荣誉最根本的基础是确信道德品性是不会变的，正所谓江山易改、本性难移，一旦某次失足，就可以据此断定该人在同样的境遇下会做出同样的恶劣行径。英语中的 character（品性）一词，很好地表达了信用、口碑和荣誉之类词语的含义。

荣誉，一旦失去，再难找回——除非是因为某些误会而造成的冤假错案，譬如这个人是被诽谤的，或是被误解了。所以，法律规定禁止造谣诽谤、诋毁他人，或是侮辱他人人格——各种污蔑谩骂统称“侮辱”，希腊谚语称“侮辱”是草率的诽谤的集合。

一个人辱骂另一个人，只能说明他并没有真正可抱怨对方的理由，否则他就会把那些理由列举出来作为抱怨的前提，然后交给听众们做出孰是孰非的判断。可是他却跳过前提，采取谩骂的方式，自己代替听众直接得出结论，并借口说他这样做只是为了简便。

公民荣誉主要存在于中间阶层，但它适用于所有人，甚至处于金字塔顶端的人。公民荣誉是非常严肃的，任何人都不可藐视，每个人都应当注意不要对此掉以轻心。失去诚信意味着永远失去了别人的信任，不论再做什么，也不论是谁，都只能自己吞下丧失诚信的苦果。

从某种意义上来说，与“声望”具有的正向性相比，荣誉有一种负向性的特征。

人们并不会因为某个人刚好拥有某些特定的品质，就说他是有“荣誉”的。而是根据规则必须具备某些众望所归的品质的，才是一个有“荣誉”的人，无一例外。

声望却不然。必须要争取，才能赢得声望；荣誉只是保有着、不失去就可以了。没有声望，顶多是默默无闻，没有别的负面影响；但失去荣誉就是耻辱，这是确凿无疑的。

千万不要把荣誉的负向性和它的被动性混淆了。荣誉具有完全的主动性。它直接来源于呈现荣誉感的人，直接与这个人的所作所为相关，跟其他人的行为或外在阻力无关。

荣誉主要存在于我们自身。正是基于这一点，真正的荣誉才不同于骑士精神的虚假荣誉。

造谣诽谤，是那些没有荣誉感的人用来攻击有荣誉的人的唯一武器；而击溃谣言的唯一方式就是，公开驳倒造谣者，在公众面前撕开他那丑恶的假面具。

老年人为什么会受到尊重？大概是因为老年人的人生经历，已经足以证明他是否守护了自己的荣誉不受玷污。年轻人虽然也具有荣誉，但他们目前还不能证明自己一生清白。

无论是年龄也好，阅历也罢，都不足以成为年轻人就该向老年人表示敬意的理由。若只是年龄问题，低等动物也可以达到一定岁数，某些甚至寿命比人类还长；而所谓经验阅历，也不过是更了解这个世界的运作规则而已。为什么全世界都要求年轻人向老年人表示尊重呢？明明伴随高龄而来的身体衰弱，要求人们给予老年人的是照顾和体贴，并不是敬意。但请注意，对于头发花白的年长者，人们普遍发自内心、几乎是出自本能地尊敬着。比起花白头发来，更能代表“年老”的皱纹，却不会引起人们的敬意——你肯定不会听到有人说“令人肃然起敬的皱纹”，但人们会说“令人肃然起敬的白发”。

荣誉只具备间接的价值。

正如之前解释过的一样，当别人对我们的看法影响到他对我们的态度时，而且是在与他人一起生活共事有关联时，别人的看法才有价值。但在文明社会，我们的生命财产安全都有赖于社会秩序，无论做什么都需要得到他人的帮助。反过来，他人也是先对我们产生了基本的信任，才会愿意与我们打交道。所以别人如何看待我们很重要，虽然我不认为这种看法具有什么直接的价值。西塞罗也持有相同观点，与我不谋而合。他写道："我非常赞同克律西波斯和第欧根尼过去常说的，'倘若美名果真只是徒有虚名，一点儿用都没有，那它就根本不值得我们费力追求'。"爱尔维修[①]在他的主要著作《论精神》中用了很长的篇幅来证明这个真理，他的结论是："我们乐于受人尊敬，并不是热爱'尊敬'本身，我们爱的只是受人尊敬带来的好处。"正如"手段不可能比目的更重要"，荣誉高于生命，这只是一种言过其实的说法。

① 爱尔维修（1715—1771）：18 世纪法国启蒙思想家，唯物主义哲学家。

公职荣誉：要做就要做到最好

公职荣誉，是指担任公职的人具备职位所要求的素质，并能一丝不苟地履行职责。此人所担负的职责越重大，在国家事务中发挥的作用越大，产生的影响越大，人们对他道德品质和智力素质的要求就越高。因此，职位越高，荣誉越高，这可以从头衔、勋章和旁人毕恭毕敬的态度来体现。

一般来说，一个人的官位等级基本上就定义了他应该被授予的荣誉级别。但普通民众对此认识不深，官位等级在反映荣誉程度方面就被打了折扣。事实上，那些担任特别职务的人，依然比普通公民享有更高的荣誉。而对于老百姓来说，能够洗刷耻辱、摆脱不名誉，就已经是最高的荣誉了。

公职荣誉还要求担任公职的人为了同僚和继任者必须维护该职位的尊严。要做到这一点，公职人员必须忠于职守、克己奉公，坚决抵制任何对该职位或对任职者的攻击，对于任何会造成不利影响的言论绝不听之任之。对那些所谓政府没有很好地履行其职责，或政府本身并没有为公众谋福利之类的言论，他必须通过法律手段严惩不贷。

享有公职荣誉的人还包括在其他领域为国家效力的人们，譬如医生、律师、教师等，简单来说就是具有某种专业技能、被官方承认具有从业资格的人——总之所有从事为公众服务工作的人都享有公职荣誉。

军人荣誉也属于公职荣誉。誓死保家卫国的军人们，具备必需的品质，尤其具备勇气、力量和大无畏的精神，他们时刻准备好为国捐躯，视死如归，任何情况下都绝不会丢弃那面他们曾对着它宣誓忠诚的战旗。

我这里谈到的公职荣誉，比常规意义上的更宽泛些。一般来说，公职荣誉就是普通公民对公职本身怀有的敬意。

两性荣誉：男人征服世界，女人通过征服男人而赢得世界

在谈到两性荣誉及其原则时，有必要多给一点关注和剖析。我要强调的是“所有的荣誉都是出于功利实用的考虑”。

两性荣誉天然地划分为女性荣誉和男性荣誉，其宗旨都是“集体荣誉”。集体荣誉感对女性来说更为重要，因为女性生活最根本的特征就是她与男性的关系。

对于未出嫁的女子来说，女性荣誉要求她是纯洁的；而对于一个妻子而言，则要求她是忠贞的。此观点的重要性见于以下考量。

女性人生的所有关系都依赖男性；而男性，不妨这么说，他们只在某一种关系中才依赖女性。男女之间相互依存，男性承担起满足女性需求的责任，包括承担共同养育孩子的责任，这样的安排旨在为全体女性谋求福利。

男性凭借生理和智力的优势，占有了地球上最好的资源；女性必须联合起来，展现出“团队精神”“集体荣誉感”，来对抗她们共同的敌人——男性。女性必须坚持不懈，通过占有男性，从而享有

男性占有的资源。

对于女性来说，荣誉就是“绝对不能在婚姻之外与男人发生性关系”。这是为了给每一位男性施压，迫使他们向女性投降，乖乖地把自己和她绑在一起；这样的荣誉感是女性的集体诉求，各地的女性精诚团结，认真维护它的合理性。

任何女性，只要破坏了规矩，就等于是背叛了整个女性团体——想想看，要是每位女性都这么做的话，那么这项规定的存在还有什么意义？破坏规矩的女性将会带着耻辱，作为已经丧失了荣誉的人被抛弃出局——没有同性会愿意与她来往，她就像瘟疫一样，让大家唯恐避之不及。

破坏婚姻的女性也将遭受同样的厄运。因为她的通奸行为会导致男性不再妥协，害怕做出婚姻的承诺，这会有损其他姐妹们的利益。并且，这种欺骗以及对誓言粗鄙的破坏，让女性失去的不仅仅是个人的名誉，还有公民荣誉——人们可以原谅未婚女子，将她的羞耻降低到最小程度，因为未婚女子可以通过与诱奸者的婚姻修复其名誉；而对于一个妻子，人们则不会这么宽容——即使一个妻子成功离婚，并与通奸的男人结婚，也不能还原自己的清白。

这种“集体荣誉”被认为是女性荣誉的基础，是经过深思熟虑做出的全面且必要的安排，对保障女性利益来说至关重要。即便如此，这样的荣誉也只具有相对的价值，无法超越于生存的所有其他目标，或凌驾于生命本身的价值之上。这样看来，罗马传说中的烈女贞妇们也没什么值得称颂的，要知道她们那种过激的反应、夸张的行为，很容易让整件事变成一场闹剧，令人生厌。譬如，莱辛创作的爱米丽娅·迦洛蒂的结局，让人在离开剧院时感觉非常不自在。但撇开女性荣誉的所有规则不谈，人们却忍不住要同情《艾格蒙特》里的克拉拉。

过度推崇女性荣誉的原则，其实是舍本逐末，但这也是人们的通病。这种夸张的推崇只是为了证明两性荣誉的价值是绝对的。然而真相却是，比起其他任何种类的荣誉，两性荣誉的价值更为相对。

有人可能会说两性荣誉的价值是符合传统常规意义的，比如托马修斯的《论情妇》一书就提到：在过去所有时代，一直追溯到马丁·路德的宗教改革，所有国家的法律都是允许并承认不正当男女关系的，而这并不损害女性荣誉——至于众所周知的堕落之城巴比伦的“米利塔神殿”[①]，就更不用提了。当然，也有一些不大可能出现婚外恋的情况，尤其是在天主教国家里，就不会发生离婚这种事。

① 希罗多德《历史》，第一卷第一百九十九节。——原注

门当户对才幸福

我个人认为，从道德层面来看，废除贵庶通婚，对于王公贵族们来说，反而更合理——如果贵庶婚姻中的合法继承人不幸去世，那么任何后代，无论出身是否低贱，都可以要求继承权位，这样一来，尽管可能性不大，但也的确有可能会导致内战。

门第悬殊的贵庶通婚，完全无视一切外在礼节，甚至可以说，这种不般配的婚姻根本是向女人和神职人员做出的妥协——而这两种人，恰恰是我们最该警惕的，千万要小心谨慎，不要轻易做出让步，否则他们就会得寸进尺。

在一个国家里，每个男人都可以跟他自己选择的女人结婚，只除了一个可怜的人之外，那就是王子。王子属于他的国家，他的婚姻必须是为了城邦利益而缔结。但毕竟王子也是人，也有自己想做的事，也想要追随内心的指引。禁止或试图禁止王子在婚姻大事上听从内心选择所爱，是狭隘且不公平的，当然，前提是王子选择的这个女子不能干预国家大事。这位女士从某种意义上来说占据了一个特殊的位置，并不需要遵守一般的两性荣誉规定，因为她只是与一个男人相爱，而这个男人有最充分的理由不通过明媒正娶的方式和她在一起。

一般来说，女性荣誉带来的众多血腥牺牲，如残杀婴儿或是母亲自尽，都在揭示一个事实，那就是女性荣誉的原则并非源于自然。难怪女子违背原则把自己交给一个男子，就是背弃了所有女性——虽然这只是心照不宣的，而非郑重宣誓定下的信约。她自己的前途会因此受到最直接的影响，从这点来说，她的愚昧甚于她的罪孽。

男性荣誉源于“集体荣誉”

女性荣誉引发相应的男性荣誉，也就是男性的“集体荣誉”，要求男子缔结婚姻（婚姻是有利于对方的条约）时，要保证这项条约切实执行，不得懈怠，使其失去效力和坚固性。既然男性为了婚姻这桩交易，已经放弃了一切，那么至少要确保男方独享占有这个女人这一基本的权利。因此，男性荣誉要求男性应当对妻子的背叛感到愤慨，至少也要通过与她分手来惩罚她。如果他容忍了这次背叛，那么他将被整个男性社会唾弃。但是这种耻辱与女性失去名誉的情况不一样，对男性来说，这样一个污点绝非不堪忍受，只是一个小瑕疵——男性拥有众多社会关系，与女性的关系不过是其中并非主要的一项。

两位伟大的现代戏剧诗人曾分别将男性的荣誉作为戏剧的主题：莎士比亚的《奥赛罗》和《冬天的故事》，卡尔德隆[①]的《医生的

① 卡尔德隆（1600—1681）：西班牙剧作家。

荣誉》和《以牙还牙》。但是男性荣誉要求的只是惩罚妻子，而不是惩罚她的情夫。这也证实了我的观点，即男性荣誉源于男性的“团队精神”和“集体荣誉”。

骑士荣誉：小众的荣誉

到目前为止所讨论的种种荣誉，以各种形式和原则存在于各个时代的各个国家。其中女性荣誉的历史说明了在不同的时期，其原则经历了某些因地制宜的调整。

除此之外，还有一种与以上荣誉完全不同的荣誉，希腊人和罗马人对此没有丝毫概念；甚至至今中国人、印度人或伊斯兰教徒们仍旧对此一无所知。这是一种只在中世纪出现过的荣誉，源于基督教欧洲，且只存在于非常小众的一部分人当中，也就是说，只存在于社会较高层的人群或是效仿、攀附他们的人群之中，这就是骑士荣誉。其原则与迄今为止我所说过的任何一种荣誉的原则都不同，在某些方面，甚至截然相反。骑士荣誉培养出的是有荣誉感的人——骑士，而其他种类的荣誉则造就了所谓的正人君子。接下来我将把骑士荣誉的原则列举出来，以此说明骑士风度的内涵。

骑士荣誉并不取决于他人对我们价值的评判，而是在于他人是否表示出了他们的评判，不管他们的真实看法是什么都无关紧要，更不用理会他们的看法是否有根据。

对于我们的所作所为，人们也许会有不好的看法，或随他们心意任意鄙视我们；但只要他们不敢表达出来，我们的荣誉就不会被玷污。反过来说，如果我们以自己的行为和品质从他人那里强行取得了最高程度的尊重（这并不取决于他人的主观意识），但凡有人——不管这个人是多么邪恶或愚蠢——公然贬低我们，就是破坏了我们的荣誉；若不做出补救修复，那我们就将永远失去荣誉。

骑士荣誉并不取决于人们心里怎么想，而是取决于人们怎么说。最明显的证据就是，必要时通过道歉就可以撤销辱骂，这样就可以令受辱者感觉自己仿佛从未受到过蔑视。至于引起这种恶语中伤的想法是否已经得到修正，以及为什么要公然凌辱，都是不值一提的问题。只要收回之前所说的话，这件事就算了结了。所以说，骑士荣誉的目标，并不在于当之无愧地赢得他人的尊重，而是在于强求他人的敬意。

骑士荣誉不是取决于一个人做了什么，而是在于别人对他做了什么，也就是说在于他承受了什么，他面对了怎样的障碍。

之前讨论的种种荣誉，其根本都是取决于我们自己的言行，而骑士荣誉却与此相反，任何人的所言所行都可以产生或摧毁这份荣誉。骑士荣誉掌握在他人之手，掌握在每一个无事生非、说长道短之人的舌尖。只要被人攻击，荣誉就随时可能一去不复返；除非被攻击的人能通过我即将要讲到的方式重新夺回荣誉，但这样做很可能会危及他的生命、健康、自由、财产和内心的平静。

由此可见，即便一个人的所作所为是高尚的、无私的，即便他心灵至纯、理智健全，即便如此，只要有任何人想要中伤他，这个中伤者哪怕只是个无耻的流氓或是愚蠢的老顽固，或是一个懒汉、赌棍、浪荡子，总之，一个不值一提的人，只要有人公然侮辱他，他就会丧失荣誉。

越是无耻之徒，越是喜欢侮辱其他人，正如塞内加所言：**“一个人越是荒谬可鄙，就越是喜欢搬弄是非。”**[①] 这种人最容易被高尚的人激怒，兴起侮辱之心，因为物以类聚、人以群分，不同品位的人是做不了朋友的。别人杰出的才华、卓越的贡献，最容易引发一个庸碌之辈的无名怒火。歌德在《西东合集》中所说的十分正确：

> 为什么要抱怨你的敌人?
> 难道是要和他们做朋友吗?
> 你的存在本身，
> 对他们来说就已是沉默的永恒羞辱。

骑士荣誉的这种“别人怎么说最重要”原则，拉平了庸人们和卓越的人之间的差距，毫无价值的人应该好好感谢它才是!

如果一个家伙喜欢侮辱他人，譬如攻击别人品质恶劣，这样的诋毁堪称是言之凿凿的宣判，甚至可以说是一项具备了法律效力的法令；如果没有立刻予以还击雪耻的话，那么它将永远是真实有效

①《论贤哲的坚强》，第十一节。——原注

的，会终生跟随受辱者。换句话说，即便这个散播谣言的人是世上最无耻的笨蛋，但如果被侮辱的人容忍了这种侮辱，那么在所有体面的人眼中，他将就是散播谣言者所说的那样。所有体面的人都将断绝与他的来往，像对待麻风病患者那样，拒绝在任何他可能出现的场合与之碰面。

我想，上述现象的源头可以追溯到中世纪。一直到15世纪，在刑事诉讼中，举证责任依然不在原告，而是由被告来自证清白。被告可以起誓说自己无罪[①]，他的支持者们也必须站出来担保他不可能说谎或提供伪证。倘若被告找不到人愿意来帮忙，或原告不承认被告的担保者们，那他就只能求助于上帝的审判，这通常意味着一次决斗。因为被告现在已经不光彩了，也就是"有失体面"，他必须要洗刷自己的冤屈，证明自己的清白。这就是"蒙受耻辱"概念的来源，也是时至今日依然流行于所谓"荣誉之士"，也就是"体面的人"当中的整个决斗体系的源头——只是现在省略了发誓这一环节。这也很好地解释了为什么体面的人会因为谎言而怒不可遏，他们认为必须用鲜血来雪耻。说实话，谎言随处可见，这样的反应未免有些过激。但比起其他任何地方，在英格兰，这已然成为一种根深蒂固的迷信。一个扬言说要杀死另一个说谎之人的人，自己应当绝不会说谎。中世纪的刑事审判形式因此更简洁，应对控诉，被告只需回应：那是谎话。那么剩下的就交给上帝来裁决了。因此，骑士荣

① 参见冯·威希特尔的《德国史论》，尤其是他关于刑法的章节。——原注

誉遵循的就是：一旦有人说谎，必然将会诉诸武力。关于侮辱就先讲到这里。

然而，还有比侮辱更恶劣的事情，几乎是致命的事情，因此，当按照骑士荣誉的习俗提及此事时，我必须诚挚地乞求所有"体面的先生们"予以谅解——我知道，光是一想到它，他们就会气得瑟瑟发抖，怒发冲冠——这简直是世界上最邪恶的事，比死亡和下地狱更糟糕：那就是一个人可能会出手给另一个人一记耳光，或是动手殴打别人，如此可怕！这对荣誉来说几乎具有致命的杀伤力。也许任何其他形式的侮辱还可以通过流血事件来得到洗雪，但在这种情况下只能置对方于死地，才能彻底恢复荣誉。

骑士荣誉跟一个人本身是什么样的没有任何关系，跟他的道德品质能否变得更好或更坏等诸如此类学究式的问题，也毫无关联。如果你的荣誉受到玷污，或是颜面扫尽，只要反应够快，立刻提出决斗来补救，那么荣誉很快就可以全部恢复。但是如果冒犯者并非出自信奉骑士荣誉的阶层，又或者他自己曾经挑衅过骑士荣誉，那么，无论对方是殴打了你，还是用言语辱骂了你，有一个更妥当的方式来回应——如果手头上有现成的武器，那么你大可以立刻在被冒犯的当下或者是稍迟一会儿将你的对手打倒在地，这样就可以恢复荣誉了。

但如果你希望避免这种极端的方式，以防产生任何不良的后果，或是不确定冒犯者是否认可骑士荣誉并受其约束，那么还有更妙的一招，就是以牙还牙、以眼还眼，以更粗暴还击粗暴——如果辱骂没有用，那么可以试试捧他一顿，这是挽救荣誉的终极方法。举个例子，对方扇了你一耳光，就让他吃你一记猛棍；若他给了你一棍，那就要一马鞭抽回他；而若是要对付鞭子，最后还有一种被允许的做法，那就是朝着对手吐他一脸口水。[①] 如果所有这些方法都没有用，那你就一定不能再继续畏首畏尾地怕见血了。

① 提请读者注意，叔本华在此描述讽刺的德国贵族风俗礼仪，已经是 50 多年前的事了（19 世纪），当然我们现在不这样了！——英译者注

最粗野的人永远“最正确”

之所以要使用上述方式雪耻，是因为受人侮辱就意味着颜面扫地，反击了侮辱也就拥有了荣誉。

举个例子，假如真理、公正和理性都站在我的对手那一边，那好，我这就去侮辱他——这样一来，真理和荣誉就弃他而去，站到了我这边，直到他通过武力的方式，注意是武力，而不是真理和理性来为自己辩白，把它们重新夺回来。因此，在涉及荣誉时，粗野是一种品质，完全可以取代或是远远胜过任何其他的品质——只要够粗野无礼，哪里还需要别的什么品质呢？最粗野的人永远最正确。

无论一个人有多么愚蠢、多么邪恶、多么坏，只要他是粗野的，那么所有过错都可得到宽恕，并且变得合情合理。在讨论或谈话中，若是有人展现出比我们更渊博的学识，比我们更爱真理，判断比我们更为明智，理解力比我们更强，总之就是展现出了更为优越的精神力量和智力水准，使得我们相形见绌；那我们只要对他撒野，侮辱他、冒犯他，就可以反败为胜，立刻变得比他更优秀。

粗野蛮横胜于雄辩，可以令智力黯然失色。如果我们的对手根本就不跟我们计较，对于粗鲁的攻击不予回应，无须决斗，我们就可以成为胜利者，荣誉归我们所有。在全能的粗野无礼面前，真理、知识、思想、智力、智慧都只能退避三舍，弃械投降。

一旦有人对着那些体面的“荣誉之士”、“正人君子”们表达了不同见解，或展现出更胜一筹的智商，这些体面的人便会恼羞成怒，跨上战马准备还击。若在任何争论中不知如何回答是好，那么他们就会以粗野为武器，并诉诸武力，直至最后收复失地凯旋。由此可见，那些认为骑士荣誉的原则可以使社会的基调变得更高尚的人们，很显然，他们是对的。

在信奉骑士荣誉的人看来，对于人与人之间在荣誉这件事上可能发生的任何分歧，只有诉诸残暴的武力，才能获得最高的裁决，分清孰是孰非。

武力，是骑士荣誉的核心。严格说来，每一项粗野的行径，都是暴力的诉求，是在宣告理智的力量和道德的觉悟已不能决定孰是孰非，冲突必须通过武力来解决。

富兰克林[①]把人类界定为“会制造工具的动物”，人类的斗争由人类所持有的武器来决定胜负，必须进行武力仲裁。这就是著名的“强权即公理”原则——就像“愚蠢即智慧”一样具有讽刺意味，骑

---

① 富兰克林（1706—1790）：美国著名政治家、科学家，同时亦是出版商、印刷商、记者、作家、慈善家，更是杰出的外交家及发明家。

士的荣誉也可以说成是强权的荣耀。

公民荣誉在“你我”之间的问题上相当谨慎小心，重视责任、信守诺言。在处理人与人的关系上，骑士荣誉则展现了最大的宽容——只要不破坏以“荣誉”为名说出的话（人们常常说，以我的荣誉作担保）就够了，其间暗含的意思却是，其他的承诺都可以不必履行。在逼不得已的情况下，甚至可以打破以荣誉之名许下的承诺，只要通过决斗这一万应灵丹，诉诸武力就可以再次挽回荣誉。另外，有且仅有一种债务绝对不能拖欠不还，那就是赌债，也被称作荣誉之债。至于其他债务，人们尽可以左欺右骗、拆东墙补西墙，也丝毫无损骑士荣誉。

公正的读者们很快就会发现，如此奇怪、野蛮且荒谬的荣誉原则，既不是根源于人类天性，也不能在健康的人生观中找到根据。它的执行范围相当狭隘，目的就是为了强化一种仅仅在中世纪以来的欧洲才会有的感觉，并且这种荣誉原则只存在于上流阶层、官员、军人，以及那些效仿、追捧他们的人中间。

不仅希腊人和罗马人对骑士荣誉原则一无所知，就连高度文明化的古今亚洲国家也都完全不了解。对他们来说，一个人的为人是由他自己的言行来定义的，而不是依靠别人乐意怎么说他来决定的。他们认为，一个人的言行可能会影响到他自己的荣誉，但不会影响到别人的荣誉。对他们而言，一次殴打就是一次殴打——马或者驴子说不定还可能踢得更重；在特定环境下被殴打，可能会使人愤怒到立刻就想要报复，但这一切都与荣誉无关。没人会去记录殴打或被辱骂的言语，也不会对是否已得到报复的“满足”而耿耿于怀。

在个人的勇气和视死如归方面，古人必然不会输给欧洲基督教国家所谓的骑士——希腊人和罗马人几乎都是英雄，但是他们对狭隘的骑士荣誉一无所知；即便他们对决斗有任何的了解，也不会将之与贵族生活联系在一起——对他们来说，“决斗”就是角斗士和奴隶们在竞技场上的全力拼杀，是重罪犯们和野兽的殊死搏斗，不过是为罗马市民们的假日奉献出热闹的一场休闲娱乐活动而已。直到基督教时代，也就是随着基督教义被引入，角斗士竞技表演才被废除，取而代之的是以上帝的评判来解决纷争的决斗。如果说角斗士表演是为了满足大众狂热的嗜血欲望做出的残酷牺牲，那么，决斗就只是为了大众的偏颇谬见而付出的残忍代价——但在此牺牲的不是罪犯、奴隶、囚徒，而是贵族和那些享有自由的人们。[①]

古人性格中有许多特点，展现出他们完全不受任何偏见影响的特质。比如，当马略[②]被条顿骑士团首领召唤去决斗时，他可能会这么回应：如果首领他老人家活得不耐烦了，他大可以去上吊自尽。当然同时马略会找个经验老到的角斗士，陪首领打上一两个回合。

① 这些关于决斗的秘辛，对于英语国家读者们来说无疑早已不新鲜，但是对于其他欧洲大陆人群来说，这样的情况依然正当时。——英译者注

② 马略（约前157—前86）：古罗马统帅，政治家。

普鲁塔克[①]在忒弥斯托克利的传记中讲到，优利比亚戴斯指挥舰队时，曾经举起棍子要打他。但是，忒弥斯托克利并没有拔出他的剑，而仅仅是说："打吧，但是你得听我说。"如果你是一个有着"骑士荣誉感"的读者，读到这样的故事该是多么愤愤不平啊——忒弥斯托克利被羞辱了却没有拔剑相对，而雅典的军官们竟然没有立刻拒绝继续为他服务！

一个法国当代作家说，如果有人认为狄摩西尼是一个"体面"的人，那么他的无知将会引来大家遗憾的微笑。西塞罗也不是一个追求"骑士荣誉感"、顾全"体面"的人！在柏拉图的《法律篇》的某一段中，这位哲学家详尽地谈到了攻击，向我们清楚地展示了，古人在对待类似事情时，没有所谓"荣誉感"的概念。

苏格拉底经常与人争论，在争论中常被人恶意攻击，但他全都温和地容忍了。举个例子，某次有人踢了他一脚，他容忍这种侮辱的耐心都令他的朋友感到惊讶。苏格拉底说："如果是一头蠢驴踢了我，难道我应当去怨恨这头驴吗？"还有一次，有人问他："那个人不是在羞辱你吗？"他的回答是："不是，他又没对着我说。"[②]

斯托拜乌在《穆索尼斯》中留下了一段很长的文字，我们可以从中看到古人是如何对待侮辱这件事的。他们除了诉诸法律之外，对其他的化解形式一无所知，明智一点的人甚至对这种解决方法都

---

① 普鲁塔克（约46—120）：罗马帝国时代的希腊作家。

② 第欧根尼·拉尔修《名哲言行录》，第二卷第二十一、三十六节。——原注

不屑一顾。如果一个希腊人被别人扇了一个耳光，他会通过法律的手段来讨回公道——这些可从柏拉图的《高尔吉亚篇》中找到证据。在这篇文章中还可以看到苏格拉底发表的意见。

同样的情形在《吉里斯的报道》中也可以见到。有一个叫卢西斯·维拉图斯的人，在路上莫名打了一个罗马公民一记耳光，但是为了避免日后有什么法律上的麻烦纠纷，他吩咐奴隶回去取来一个装着零钱的袋子，分发给了那些在现场被他的所作所为震惊了的路人们。

著名的犬儒哲学家克拉特斯，挨了音乐家尼科德罗莫斯一巴掌，脸都肿了起来，青一块紫一块的。于是，他就贴了个标签在额头上，写道：尼科德罗莫斯的大作。如此一来，反而是这个音乐家变得不光彩了，因为他居然对一个全雅典人民都敬若神明的人做了这么一件野蛮的事情。[①]

在给密利西配斯的一封信中，锡诺普的第欧根尼说他曾遭到喝醉了的雅典小青年们一顿毒打；但是他补充道，这并不是什么大不了的事情。[②] 塞内加的《论天意》中最后几个章节都是在详细地谈论如何对待他人的侮辱，就是为了说明智者根本不会在意别人的侮辱。在第十四章中，他写道："如果一个智者被人打了，他会怎么做？当

① 第欧根尼·拉尔修《名哲言行录》，第六卷第八十九节。——原注
② 第欧根尼·拉尔修《名哲言行录》，第六卷第三十三节。——原注

有人打了加图[①]一耳光，他是怎么做的呢？他既没有发火，也没有反唇相讥，更没有殴打对方一顿，他仅仅是不去理会它。”

“好吧好吧，算你说得对，”你们说，“可那些人都是有智慧的哲学家啊！”——那你们是什么呢？傻瓜吗？诚然。

由此可见古人对骑士荣誉原则一无所知。也正是由于这个简单的原因，他们总是以一种自然的、不偏不倚的态度来处理人类事务，不允许自己被任何如此邪恶糟糕的愚行影响。落在脸上的一记拳头，对他们而言，只是一记拳头，只是轻微的身体上的损伤，别无其他；然而现代人却有本事将之渲染成一场大灾难，简直就是一个悲剧的主题，譬如高乃依[②]的《熙德》，或是德国最近一部关于中产阶级生活的喜剧，名叫《环境的力量》——依我看应该要取名《偏见的力量》才对。若是一个法国国民议会的成员挨了一记耳光，那这记耳光势必响彻整个欧洲，闹得沸沸扬扬、满城风雨。

现代这些信奉骑士荣誉的“体面人”们，看到我列举的古人们如何泰然对待羞辱的经典事例，大概会很不服气，觉得不合时宜。那么我会向他们推荐狄德罗[③]的杰作《宿命论者雅克》里关于德格朗

① 加图（前 234—前 149）：罗马共和国时期的政治家、国务活动家、演说家，前 195 年的执政官，罗马历史上第一个重要的拉丁语散文作家。

② 高乃依（1606—1684）：17 世纪上半叶法国古典主义悲剧的代表作家，一向被称为法国古典主义戏剧的奠基人。

③ 狄德罗（1713—1784）：法国启蒙思想家、唯物主义哲学家、无神论者，作家，百科全书派的代表人物。

先生的故事，这堪称是现代骑士荣誉的优秀典范，这些“体面”的先生们无疑会从中找到乐趣并获得启发。[1]

① 两个信奉骑士荣誉的人追求同一个女子，其中一人名字是德格朗。这两个人并排坐在桌子旁边，面向这个女人。德格朗谈吐活泼，试图吸引这个女子的注意。但这个女子心不在焉，好像并没有倾听德格朗的说话，而是不时地瞟着德格朗的情敌。当时，德格朗手里正握着一枚生鸡蛋。一股病态的嫉妒驱使他捏碎了这枚鸡蛋。鸡蛋弄破了，并且溅在了他的情敌的脸上。他的情敌的手动了一下，但德格朗握住了他的手，小声地在他耳边说了一句“我接受你的挑战”。在座的人陷入了一片静默。第二天，德格朗的右颧骨上围上了一块厚厚的黑石膏，他们决斗了。德格朗的对手遭到了重创，但伤势还不至于致命。德格朗的右颧骨上的石膏减少了一点点。他的对手复原以后，他们又进行了第二次的决斗。德格朗弄伤了对手，他把石膏又弄去了一小块。如是发生了五六次。每次决斗以后，德格朗就把石膏弄掉一点，直到对手终于被杀死为止。啊！这旧时代的高贵骑士精神！不过说真的，谁要把这一典型故事跟以往发生的这类事情对比一下，就一定会说，和其他的事情一样，古人显得多么伟大，现代人又是多么渺小！——原注

让步你就输了吗?

我们可以很清楚地发现，骑士荣誉的原则并不是出自人类自然且本质的天性，只是人为的产物，因此其根源并不难寻。它诞生于一个特定的时期，即人们大多对动手不动脑倍加称颂的中世纪，骑士制度束缚了人们的思想。那是一个人们既乞求全能的上帝眷顾，也接受他的评判的时代；是一个当发生疑难案件时，由神判法，也就是上帝的审判来裁决的时代。神判法通常也就意味着一次决斗，不仅是骑士贵族们会采取决斗的方式，普通市民之间也会通过决斗来解决纷争。在莎士比亚的《亨利六世》中就有一个很好的例子。[①]

每一次司法判决最终都会诉诸武力——这是更高一级的法庭，是上帝的审判。这种生理的力量与活动是我们的动物本性，取代了理性坐上了裁判的位置——判断是非并不是根据一个人的所作所为，而是根据对手的力量强弱，这实际上与我们当下流行的骑士荣誉的原则同宗同源。

---

①《亨利六世》中篇，第二幕第三场。——原注

倘若还有人对我们现代决斗的这一真正源头表示怀疑，我建议他去读米林根那本出色的《西方决斗史》。时至今日，这个骑士荣誉体系的支持者们——顺便提一句，他们通常没怎么受过教育，更算不上有思想的人——这些人依然把决斗的结果当作是神的裁决，而这种看法毫无疑问是根据传统流传下来的。

先撇开源头的问题不说，骑士荣誉原则倾向于通过暴力恐吓来强行获得人们表面的尊重，而在现实生活中努力去赢得别人的尊重则被认为是既困难又多余的。

奉行骑士荣誉类似于想要证明屋子是暖和的，于是用手握住温度计以便让它的温度升高。公民荣誉旨在和平交往，别人认为我们是值得信任的，因为我们无条件地尊重了他们的权利；骑士荣誉则在于我们要让自己令人生畏，让别人知道我们会不计一切代价保护我们的权利。

本来，人类的诚信并不值得信赖。比起令人信服来，骑士荣誉的原则"让自己令人生畏"，从本质上来说并没有什么错。如果我们生活在一种自然的状态中，每一个人都必须保护自己，必须直接捍卫自己的权利，那么也许我们的确是不能信赖"人类的正直"的。但是在文明社会，国家承担了保护我们个人和财产安全的责任，骑士荣誉原则就再无用武之地了——它就像旧时的城堡和瞭望塔，矗立在种满了庄稼的田野和人来人往的马路上，甚至铁路之间；它一度可能是正确的，但现在只是从那个用拳头说话的年代遗留下来的无用的废弃物。

顽固地沿袭骑士荣誉原则，仅仅是在个人口角之争一类小案件中发挥作用——这类案件根据法律通常只需处以轻微的惩罚，或者只是些玩笑性质的小打小闹，根本无需处罚。但在处理这类事情时，骑士荣誉原则夸大了个人的价值，与人的天性、构造或命运完全不相称，把人的价值上升到一种神圣不可侵犯的程度。从骑士荣誉原则的角度来看，国家对这些小小的冒犯处罚力度很不够，于是被冒犯者就自己跳出来为民除害——要么夺走那个冒犯者的生命，要么是卸掉人家的一条腿或一只胳膊作为惩罚。这很明显是由于骄纵的自尊心过度膨胀，完全忘记了人的本质是什么造成的。

骑士荣誉要求个人绝对不能受到任何攻击或谴责。那些决心通过武力实践这项原则的人，他们的行为准则就是“谁要是胆敢侮辱我或动手打我，那他就死定了！”——这样的人倒是真应该被人们驱逐出他的国家。[①]

人们通常对于这种鲁莽的傲慢采取视而不见的姑息态度。

倘若两个不怕死的人狭路相逢，谁也不愿意让步，原本是极小

① 骑士荣誉是自大和愚蠢的产儿。值得注意的是，这种极端的自大傲慢要求它的信徒们把表现最大的谦卑作为他们的责任；而在这之前的世纪，在其他各大洲，都不曾听说过这种骑士荣誉的原则。但我们却不能把它归于宗教的原因，而应该把它归于封建制度。在这种制度下，每个贵族都各自为政，不承认在他之上还会有由人担任的裁判者。所以，他把自己视为神圣不可侵犯的。因此，任何针对他的侮辱言词和攻击行为就犹如十恶不赦的死罪。因此，骑士荣誉和决斗本来就是属于贵族专用。后来，士官阶层的人也仿效了这种习气，他们不时地和上层社会交往，以避免自己显得太不重要。决斗是骑士荣誉的实行和发展的结果。不承认任何由人担任判决者的人，会寻求上帝的裁决。不过，神判不是基督教所特有的，它在印度教也有很大的影响力，尤其是在古老时代。它的痕迹至今犹在。——原注

的一件事，却由口角上升到拳脚相向，最后变成致命的斗殴——甚至为了使这个程序看起来更得体，干脆省略中间的步骤，直接跳到最后一步，马上兵戈相见。

诉诸武力已经发展出了专门的模式，并形成一套硬性的、死板的体系制度，堪称一出最庄严的膜拜愚昧的闹剧。

如果这两个不怕死的人在某些小事上面有分歧（重要的事情还是要通过法律手段来解决），他们中更聪明的那个人肯定会让步，会同意保留各自的意见。这一点完全可以从普通人的事实中找到证据——看看那些不知道骑士荣誉原则的社会各个阶层的人吧，他们通常会用正常的方式处理争端。在这些阶层的人中间，杀人事件比在那些信奉骑士原则的人（他们可能只占社会人口总量的千分之一）中罕见一百倍——顺从普世原则的人，甚至连动手的情况也很少发生。

据说，和谐社会的礼仪和良好的社会习惯都是基于骑士荣誉的原则，因为它的决斗体系，已成为对抗野蛮和粗鲁行为的堡垒。但是在雅典、哥林多和罗马，我们可以看到，并不需要依靠骑士荣誉这个妖怪，就能形成良好甚至一流的社交氛围和优雅的礼仪习惯。

“荣誉”对我们的可怕影响

在过去，女性确实没有像现在这样在社交场合占据主导地位，但现在的谈话内容多是琐碎无聊的，并且排斥一切有分量的严肃话题。这一改变必然在很大程度上造成我们崇尚个人的勇气甚于其他的品质。

事实上，个人勇气是极其次要的美德，不过是一般军人的显著特征；低等动物甚至都比人类更有勇气，否则怎么会常常听到人们说“像狮子一样勇敢”这样的话呢？骑士荣誉不仅在大的方面为虚伪和无耻提供庇护，也遮盖了小事上的粗鲁不文、欠缺考虑和不礼貌。对于粗野，人们常常缄口沉默，没有人敢冒着生命的危险去纠正别人。

那些恰好在政治和财政记录方面都显示出不太体面的民族，决斗体系往往在其国家被血腥的热情推崇到了无以复加的地步。至于这个国家民间生活是怎么样的，最好问问那些在这方面有经验的人。总之这样的国家欠缺文化礼貌和社交修养是显而易见的。

在骑士荣誉的借口面前，是不存在真理的，因此需要强烈呼吁更多的公平正义。当你对一条狗咆哮，它会咆哮回来，但若把它当宠物养起来，它就会对你摇尾乞怜。用敌意回应敌意，对任何轻慢或嫌恶感到愤恨和生气，这几乎是人的天性，正如西塞罗所说，**“侮辱和苛刻的怠慢带来的伤痛深入骨髓，就连有智慧、有价值的人都难以承受”**。

也许除了信仰某些宗教教派的人，世界上没有哪儿的人可以平静地接受侮辱或殴打。但是，一般而言，不论是遭遇了侮辱还是殴打，当事人除了要求与被冒犯程度差不多的报复之外，绝不会要求更多的。譬如，一个人被指责撒谎、愚蠢或胆小，绝不会把置对方于死地来作为惩罚。

德国人关于“凡羞辱必血偿”的古老理论，就是源自中世纪那令人作呕的迷信。在任何情况下，对侮辱的回应都该由愤怒主导，而不是由那些骑士制度的拥护者们所谓的“荣誉和道义”来主导。事实上，指责我们的话语所造成的伤害程度，是由这些话语击中目标的程度而定——只要别人戳中了我们的软肋，那么，即便是一个最轻微的暗示，造成的伤害都比一个虽然严厉但是毫无根据的指责更严重。如此一来，如果一个人十分确定别人对他的指责文不对题，那他就会自信地对指责不屑一顾。但骑士荣誉原则却要求我们展示一种并不具备的敏感性，用血腥的报复来处理那些我们根本不觉得屈辱的侮辱。如果一个人不惜对口头上冒犯他的人拳脚相加，只是为了阻止那些不敬的言语流传开来，那只能说明这个人对自我的价值评价不高。一个真正懂得欣赏自我价值的人会泰然面对侮辱和诋毁；即使做不到全然漠视，仍会情不自禁地感到愤怒的话，机智和文化修养也会帮助他掩饰愤怒、保全面子。

如果我们能够消除对骑士荣誉的迷信，也就是说在受到侮辱的时候，不再感觉被侮辱，不再想反唇相讥，也不再认为以侮辱回敬侮辱就能挽回自己的荣誉；如果我们能够阻止人们继续错误地以为用暴力维护自己的荣誉是理所当然的，对于不公正就应该动辄拳脚以对——如果可以做到这些，那么人们很快就能普遍地接受这样一个观念，那就是**“面对侮辱和轻视，虽败犹荣”**。正如文圣佐·蒙蒂[①]所说，**“恶言谩骂好比教堂里的队列，总是返回到原点”**。如果人们能够这样看待侮辱，那我们就再也不必恶言相向以证明自己是正确的了。但很不幸，像现在这样，首先必须顾虑的却是我们说的话会不会得罪那些狭隘的笨蛋，要知道哪怕一点点的深刻也会让他们感到恐慌和愤怒——有思想有头脑的人不得不和又蠢又狭隘的人展开搏斗，这样的情况实在太常见。

倘若所有一切都可以这样理性地处理，思想智力的优越性就能在社会中拿回本属于它的主导地位——可惜不得不承认的是，现在主导社会的是那些拥有蛮力和匹夫之勇的人。若真能改变，那么优秀杰出的人们就有了无须逃避社会的理由。这样一来，就可以为真正良好的、有教养的社会氛围铺平道路，正如雅典、哥林多和罗马曾经有过的盛世一般。如果有人对我所说的好例子感兴趣，那么我

---

① 文圣佐·蒙蒂（1754—1828）：意大利新古典派诗人。

推荐他去读一读色诺芬[①]的《盛宴篇》。

为捍卫骑士荣誉所做的最后一个辩护无疑是这样的："可要不是有它存在，那每个人不就都可以随意动粗了吗？世界将会变得多么喧嚣啊——太可怕了！"

我先来简单地回应一下。一千个人里面有九百九十九个人都不了解骑士荣誉原则，通常他们挨了揍或是揍了别人，不会有任何致命的后果。但对骑士荣誉的拥护者们来说，挨一记拳头常常意味着要同对方斗个你死我活。

让我再来更加详细地谈论一下这个问题。

为了解释部分人类根深蒂固地抱持着的"被人打一拳相当严重"这一观念，我曾努力想要发现一些站得住脚的，或者至少貌似合理的依据，而不仅仅是花哨漂亮的说辞。但我找了一圈，不管是用人类天性中的动物性，还是用理智来解释，终是徒劳无功。

动手打人一巴掌不过是，并且永远都只是一个人可能对另一个人造成的一次轻微的肉体上的伤害，不过是表明了一个人更有力量、出手更快，或是他的对手当时压根儿没留神，一不小心就被打了，除此之外并不能说明什么，再怎么分析也没用。

同一个骑士，会把别人打他一拳当成是罪大恶极不可饶恕的；但是如果他被他的马踢了，哪怕这一踢比人类那一拳厉害十倍，当他忍着剧痛一瘸一拐地走开时，他也会向你保证这没什么大不了的，

① 色诺芬（约前430—前354）：古希腊历史学家、作家。

不算什么。我不禁开始想：原来，人的手才是埋得最深的祸根。然而这个骑士可能会在战斗中被同一只手砍伤、刺伤，那时他仍旧会向你保证说，这些伤不值一提。

我又听说，被马刀的刃拍打，好过被棍棒一击。前不久，有军校学员接受惩罚时宁可被马刀拍也不愿被棍棒打一顿，因为只有获授骑士称号时才会被马刀刃面轻拍肩头，这对他们来说简直是最伟大的荣耀。

以上就是我能找到的所有心理的或道德的基础。除了宣布所谓“骑士荣誉”就是一个已经过时但依然根深蒂固的迷信之外，我无话可说，可见传统的力量有多巨大。有一个非常著名的事实可以证明我的观点，那就是在中国，对普通人来说杖责是很常见的惩罚，甚至对于政府的各级官员来说也是如此——那可是一个高度文明化的国度，却也并不赞成类似骑士荣誉的原则。

公正地说，打架是人的天性，犹如撕咬是野兽的天性，或推撞是带角动物的天性一样，人不过就是会用武器打人的动物。因此，当我们听说谁用嘴咬了人会觉得震惊，而动手打架则是非常自然的一件事。通过接受教育提高修养和学会自我克制，我们很乐意摒弃打斗。但是，强迫一个国家或某个特定阶层相信一个巴掌是天大的不幸，必须争个你死我活才行，这也未免太过惨无人道。

这个世上已有太多邪恶的不幸，如果我们再人为地增加一些幻想的不幸，反而会产生真正的不幸——这正是愚蠢又险恶的迷信带来的影响。

遭受侮辱时，我们该怎么办？

我认为政府和立法机关试图在民间或军队中废除体罚是不明智的，他们以为是在维护民众利益，但实际上废除体罚只会强化愚昧的迷信——人们已经为此付出了太多牺牲。

除去最严重的情况，一旦犯法，人们自然而然首先想到的就是给犯人一顿教训——既然不听劝，那就挨打好了。对那些一无所有、交不出罚金的人，或因为人们需要他工作效劳而不能被关进监狱剥夺其自由的人，我认为体罚是最适合的手段。有什么理由来反驳呢？除了一些“人的尊严”之类的说辞——但支撑这类说辞的也并不是什么明晰的概念，不过就是这个我一直都在谈论的有害的迷信。下面这个近乎好笑的例子就可以说明这种对荣誉的迷信有多荒谬：不久前，在许多国家军队的纪律中，鞭笞被棍打取代。这两种处罚的目的都是让肉体受罪，但是人们认为后一种方式更“体面”，不会有损“荣誉”。

人们盲目地推崇骑士荣誉原则，实际上助长了决斗之风。与此同时，人们又在努力，或至少假装在努力地试图通过法律来废除决斗。我们会发现在最野蛮的中世纪时期流行的“强权即真理”残余碎片，延续到了现在，渗透在我们19世纪的生活中——这是何等的奇耻大辱！是时候彻底抛弃这种原则了！

现在斗狗或斗鸡已经被禁止了（至少在英国这是刑事犯罪）。但是人与人之间反而会因为这项荒谬的、迷信的、虚妄的骑士荣誉原则互相斗殴，为一点鸡毛蒜皮的琐事，就要像两个角斗士一样拼个你死我活，这正是那些思想狭隘的骑士荣誉拥护者们为其鼓吹宣扬的结果。因此我建议我们的语言大师以“baiting（纵斗）”这个词，来取代“duel（决斗）”，要知道duel一词很可能不是源于拉丁语的duellum，而是来自西班牙语的duelo，那意味着遭受痛苦、不安和厌烦。

崇尚决斗的人一本正经而愚蠢地迷信迂腐的骑士荣誉，已经为我们提供了太多笑料。骑士荣誉以其荒诞的原则为中心自成一国，实在令人厌烦——在这个王国里，强权即真理，不分青红皂白，只用拳头说话；对于屈服在骑士荣誉权威之下的各个阶层施以暴政维持秩序，通过设置神圣的宗教裁判庭来解决任何纷争，每个人都可能因为一些微不足道的小事而被人挑衅，从而被迫接受来自上帝的生死判决。这是每一个无赖的藏身之所，只要他信奉骑士荣誉，就可以受到庇护，可以任意恐吓威胁甚至除掉那些最高贵的、最好的人——卓越和高贵本身就会招来恶棍嫉恨。

我们现在的司法制度和警察已经使得恶棍不大可能在街上冲我们喊：“要钱还是要命？”同样的，理智的常识应该也能阻止恶棍扰乱社会良好的秩序，不会再冲我们喊：“要命还是要荣誉？”最后，上流阶层也该卸下肩上重任，不要再时刻准备着将自己奉献给那些随心所欲的挑衅，为野蛮、愚昧或恶意付出生命的代价。两个愚蠢的、少不更事的年轻人，可能仅仅因为出言不逊，就头脑发热大打出手，最终血溅当场，赔上性命，又是何苦？

被侮辱的人由于与冒犯者地位相差悬殊或其他一些原因，而不能恢复自己受损的骑士荣誉时，往往陷入绝望而自杀，以一出悲喜剧的方式惨淡收场。由此可见在这个自成的一国中盛行的暴虐和迷信的力量，有多荒谬。如果按照逻辑，事情的结果应当是这样的，但事实上它却得出了相反的结果，也就是说事情的发展到了自相矛盾的地步，那么其间的荒谬和错误也就不言而喻了。比如说，公职人员是禁止参加决斗的，但如果被挑衅了却拒绝迎战的话，那么他将受到开除公职的处罚。

既然已经谈及了这个话题，那么我不妨再开门见山一些。在一场公平的较量中用同等级别的武器装备杀死你的敌人，和从背后伏击你的敌人这两者之间，在只认拳头不认对错的民众看来，是有着重大差别的，也就是说人们认为更强大者更有理，凡事只需诉诸武力，由神来裁决。

在公平的搏斗中杀死敌人，只是证明了你在力量上或技巧上高他一等；而要评价这种行为，就必须要假设“强大就是有理”这样一个前提。但事实上，倘若我的对手没有保护自己的能力，这给我的只是一个杀死他的可能性，而不是杀死他的理由。是否有理，从道义上讲，必须取决于我要取他性命的动机。就算我有足够充分的理由杀死一个人，那也不是说“因为我在射击或击剑方面比他好，所以他就该被我杀死”。相反，我到底采取什么方式杀死他并不重要，无论我是正面迎击还是背后偷袭他，都不重要。从道义的角度来看，更强大者的杀戮理由并不比耍诡计者的充足；如果你要谋杀一个人，耍诡计也是必要的。在决斗中，强权和诡计是完全对等的，两者都发挥了作用，所谓“佯攻”也就是背信弃义的另一个说法。如果我认为杀人在道义上是合理的，那么我光是想“他在射击或击剑方面是否优胜于我”就是愚蠢的；因为如果可能的话，我的对手不仅仅是想证明我是错的，还要反过来伤害我，夺取我的性命。

卢梭[①]认为，报复侮辱的恰当方式不是与挑衅者决斗，而是去暗杀他——当然他十分谨慎，只是在一本名叫《爱弥儿》的书中，以一个神秘的注释暗示了这个观点。这一点说明这个哲学家完全受到了骑士荣誉迷信的影响，以至于他认为，谁要是指控你说谎，那么谋杀他就是正当的。可是，卢梭肯定知道，每个人，尤其是他自己，都说过不可计数的谎言，都配受到这一指责。

有一种谬见认为，只要是光明正大地、与对手使用同样的武器装备，在这样的情形下杀死了你的对手，就是正当有理的。但这显然是把强权当成了真理，把决斗看成是上帝的判决。而意大利人只要发现仇人，就怒不可遏地立刻冲上去袭击对方，没有任何繁文缛节，不管怎么说，这种行为至少是自然的、说得通的——他也许是

① 卢梭（1712—1778）：法国18世纪伟大的启蒙思想家、哲学家、教育家、文学家。

更聪明，但并不比参与决斗的人更恶劣。如果你说，在决斗中杀死敌人当然是公平的，因为那时他也尽力要置我于死地啊！对这样的言论，我的回复是：那是因为你的挑战就已经置他于必须背水一战来保护自己的境地。这种故意把对方置于不得不战境地的做法，本身就是好斗者在找一个似是而非的借口去谋杀对方而已。如果双方都一致同意将自己的生命押到决斗上，那么按照“对自愿者不构成侵害（Volenti non fit injuria）”这一原则来看倒也说得过去。然而，“受伤的一方并非自愿受伤”，行凶者遵循的是那暴虐又荒谬的骑士荣誉及其原则，正是它的荒谬残暴把两个决斗者，至少其中的一个，拽到了血淋淋的刑堂上来。

关于骑士荣誉这个主题我已经说得相当多了，但我实在是用心良苦——**对于这个如奥吉亚斯的牛圈般藏污纳垢的世界，唯有借助哲学，才能把那些道德、智力上的肮脏之处清扫干净。**

有两件事使得现代生活的社交活动与古人的社交生活相比不占优势，因为它们给我们的时代带来了阴郁、昏暗又不祥的一面，而古时没有这些弊病，就像是生命的早晨般新鲜、自然。在此，我是指现代的荣誉和现代的疾病，联合在一起就是生命中所有关系的毒药，不论是对公共关系还是对私人关系而言，这对著名的搭档产生的影响比最初看起来要深远得多，它们不仅是生理疾病，还是道德上的暗疾。一种疏远的、敌对的，甚至是恶毒的元素侵入了男人与女人的关系之间，自从在丘比特的箭袋里找到了有毒的箭矢开始，那毒素就像一根不祥的恐惧和猜忌之线贯穿于男女交往的经纬之中，间接地动摇了人类关系的基础，也或多或少地影响了人类整个存在之基。但是它与我进一步探讨这个主题的主要目标无关。

骑士荣誉的原则所产生的与此相似的一个影响——虽然这种影响作用于其他的范围——使现代社会变得僵硬、阴郁和阴暗，对古老世界而言是陌生的、庄严的闹剧，迫使我们必须密切注意将要降临已身的每一个词语，而这还不是全部。这项原则简直就是公民供奉的人身牛头的怪物弥诺陶洛斯[①]；在每一年的进贡中，要求找一大批贵族家庭的儿子们做牺牲品，不是只来自某一个国家，而是来自古老欧洲的每一片国土。是时候去给这愚蠢的制度以致命的一击了，这就是我现在正试图做的事。在本世纪结束之前，现代社会的这两只大怪兽会消失吗？

让我们来寄希望于医学能够找到阻止其中一 个怪兽的方式，而用哲学来洗涤我们的思想可以阻止另一个——唯有通过清洗我们的思想，恶魔才有可能被根除。政府尝试通过立法来做到这一点，但是失败了。

但是，倘若政府确实想要消除决斗制度的话，倘若他们的努力收效甚微，确实只是由于他们没有能力处理这个恶魔的话，那么，我不介意提名一种我打包票会成功的法律。它不会牵涉到血腥的方法，既不需要求助于断头台，也不需要用到绞刑架，或者囚禁生命的方式。它就像是顺势治疗法，不会有可怕的后遗症：倘若有人发

① 弥诺陶洛斯：希腊神话中的半人半牛的食人怪物，饲养于克里特岛的迷宫中。

起或接受一次挑战，就让下士从看守所带走这个罪人，然后在足够敞亮的光线中，当众用一根棍子打他十二下作为体罚，为决斗者奔走效力的则杖责六大棍。对于决斗造成的后果，则走正常的刑事程序依法追究相关责任。

一个具有骑士荣誉思想的人，也许会反驳说，如果被执行了这样的处罚，有荣誉感的人可能会选择自尽；针对这一点，我的看法是，像这样的傻瓜要是开枪自杀，也比让其他人的利益受损强。然而，我很清楚政府并不真的打算要废除决斗。文官，甚至是军官（除了那些职位最高的人之外），报酬都与他们付出的服务极度地不对等；不足的部分就由荣誉来填补，而荣誉则由头衔和勋章体现——总而言之，荣誉是通过等级制度和差别制度体现出来的。可以这么说，决斗是为了给人们的等级提供额外服务的方式，因此人们在学校里就会被培训这方面的知识。这些事情通常发生在那些嫌报酬给得少的人身上，他们会通过用血的方式来寻求平衡。

结束讨论之前，请允许我在此提及一下民族尊严，这是一种在面对外来入侵的时候整个民族抱成一团的荣誉感。没有法庭可以申诉，只有诉诸暴力法庭；也由于每个民族都必须准备好为捍卫本民族的利益而战，一个民族的荣誉主要在于形成一种信念，人们不仅应当去坚信这种信念，还应当敬畏这种信念。任何一次涉及民族权利的袭击都绝不允许被忽略过去。它是市民荣誉和骑士荣誉的结合体。

名声：昙花一现还是永垂不朽？

关于我们在别人眼中的样子，也就是别人对我们人生的评价，还可以通过我们获得的声望来表现。

名声和荣誉是一对双子星，就像古希腊神话中宙斯的孪生子卡斯托尔和波吕克斯，兄友弟恭、亲密无间，但一个注定难逃一死，而另一个却是永生的。

比起终将逝去的荣誉来，名声可谓不朽。当然，我指的是名副其实的声望，这个世上有许多名气、名声不过昙花一现，只是过眼云烟。

荣誉仅仅是指人们在同等环境、条件下需要具备的素质，而真正的声望要求的素质却不是能够硬性规定人们具备的。荣誉关乎个人品质，即每个人都有权把那些品质归于自身；声望则是别人给予的。荣誉基于别人对我们的了解，范围有限；而声望却先走一步，只要声名远播，我们就可以被很多人知道。

每个人都可以要求荣誉，却很少有人要求声望——声望，只有用非凡的成就才能换取。这些可建立声望的成就，或者说途径，分为两类：立功和立言。

立功即建功立业，要求拥有伟大的心灵。立言是指著书立说，创作出伟大的作品，要求拥有过人的才智。

这两种途径各有利弊，最主要的差别是：功业会消逝，而伟大作品则是不朽的，可以流传千古。立功的影响只能持续一段时间，但天才的作品是不受时代局限的，藏之名山，传之后世，始终是鲜活有益且崇高的。所有功业留下的只是记忆，而记忆会随着时间的推移而逐渐弱化直至被人淡忘。换言之，功业对我们而言是无关紧要的事情，最终会烟消云散——除非历史再次将其打捞起来，记录下来，呈现在后人眼前，如化石一般。而作品可以流芳百世，一旦付诸文字，就将永垂不朽。

关于亚历山大大帝[①]，我们知道的只是他的名字和相关史料记录。但是柏拉图、亚里士多德、荷马和贺拉斯却是不朽的、活生生的，至今仍在影响着我们，就像他们曾在自己生活的时代对当时的人们产生影响一样。《吠陀经》[②]《奥义书》直到今天仍然陪伴着我们，但所有同时代的丰功伟绩早已无迹可寻。

功业的另一个缺点就是，太过依赖命运之神眷顾，全靠机遇。因此，建功之人赢得声誉并不完全是因为其内在的价值，而是源自

---

① 亚历山大大帝（前 356—前 323）：马其顿国王，历史上第一位征服欧亚大陆的著名帝王。

②《吠陀经》：婆罗门教和现代印度教最重要和最根本的经典。“吠陀”又译为“韦达”，是“知识”“启示”的意思。

外部环境，他的重要性由时势造就，他的荣耀也由时势成就。如果是在战争中，是否有功取决于少数目击者的证明，取得的只是纯粹个人的声誉；更何况现场并不总是有证人，即使有，也并不总是公正的、不偏不倚的观察者。

好在建功立业是具体的行为，具有实践特性，在普通大众尚能理解的范围之内。一旦事迹得到确认，人们就会承认其功绩——除非人们一开始并不了解某项行为背后掩藏的动机。如果不能理解动机，那么要理解行为本身几乎是不大可能的。

唯有作品永垂不朽

作品的情况恰好相反。从创作初期开始，作品就全部依赖于作者，而不是依赖机遇；作品只要还存在，就始终是以它自身原来的样子存在着。

评价作品并不容易——通常作品的级别越高，就越难评价；很少有人既具备才气又公正诚实，能够正确恰当地评价作品。好在作品的名声并不只取决于一次评价，尽可以期待下一个人的评价。

我已经说过了，丰功伟绩只能通过单一的记忆流传下去供子孙后代追思；但作品却保留了自身原本的样子流传，即使出现部分散佚，我们也不至于歪曲作品的本来面目。而随着时间的推移，作品在创作和面世时所遭遇的不利的环境影响，也会慢慢消逝。而且通常只有经过漫长的岁月，千里马才能遇到伯乐，人们才真正地能够评价这些作品，最终形成完全公正的评判结果——即使有时需要历经数百年才能对作品形成深刻的理解，得出最终的评价；而这样的评价，无论此后时光如何流逝，也不会被推翻。因此，一部伟大的作品必不可挡地会获得不朽的名声。

作者能否在活着的时候亲眼目睹自己的作品获得承认、名声大噪，则取决于机遇——作品越是高尚，越是伟大，作者能与有荣焉的几率就越小。塞内加说过一句绝妙的话：**“名声紧跟成就，如影随形，时前时后。”**他还说，“虽然同时代人出于嫉妒而保持沉默，但日后终将有人对你作出公正的评价，既不带恶意，也不带恭维。”这句话说明，早在塞内加的时代就已经有一些无赖对别人的成就故意保持沉默，恶意地忽视它们的存在来抑制其价值。他们用这样的方式向公众隐瞒好的作品，以便继续吹捧拙劣的作品。即使是在今天，人们依然践行着这项阴谋，用保持沉默来表达嫉妒。

一般来说，**名声越是晚到，能够持续的时间就越长——“优秀”需要时间来成就。**流芳后世的名声就像一棵橡树，成长十分缓慢；盛极一时的名声，持续时间短，就像那些一年生一年死的植物；而虚假的名声更是昙花一现，便消亡不见。

为什么会这样呢？

这是因为，一个人若是更多地属于后世，换句话说，属于全人类，那么对于同时代的人而言，他就越是异类，越是无法被自己的时代所了解。他的作品并不仅仅是为了同时代的人而作，没有沾染上令人感到熟悉的当代的色彩，他的作品是奉献给整个人类的。他所做的一切让人们感到陌生不解，他无法获得认可，只能默默无闻地度过那个时代。而那些只为短短一生中的日常事务操劳的人，更容易被人们赏识，因为他们具有时代气息，生于斯死于斯，与时代同生共死。

学会欣赏自己，不要指望别人来“欣赏”你

艺术史和文学史告诉我们这样一条规则，人类思想的最高成就，通常都不是在一开始就被欣然接受的，直到它们得到了优秀者的注意，通过那些人的影响力获得一定的地位，然后再凭借作者给予作品本身的力量维持自己的地位，这才摆脱了默默无闻。

人们能够真正了解并欣赏的，只是那些和自己的本性相呼应的东西。无聊的人会喜欢无聊的东西，平庸的人只能欣赏俗套，思想复杂的人会对混乱模糊感兴趣，没有头脑的人则会被愚蠢的东西吸引。每个人都会喜欢吸引自己的作品，因为在作品中完全体现了他的性格特点。这是一个真理，和记忆力惊人的埃庇卡摩斯[①]一样古老。他说：

① 埃庇卡摩斯（前540—前450）：希腊喜剧剧作家、哲学家，对西西里、多里安的戏剧影响很大。

如果有人孤芳自赏，还沾沾自喜，
你可千万不要吃惊；
就像对于狗来说，世上最好的动物就是狗；
牛对牛也是这样，
驴子对驴子，猪对猪，
以此类推，莫不如是。

最强壮的手臂也很难把羽毛般轻的东西甩出很远，并一举击中目标，因为如果不是按照其自身特点来加速，轻物很难接收外力，更何况是强劲的力量，它只会轻飘飘地落地。伟大而高尚的思想，甚至天才的杰作，如果只有贫弱、荒诞的头脑来欣赏，那可真是惨！各个时代的智者们都曾为此悲叹。

耶稣说："对着傻子讲故事，就像对着一个在打瞌睡的人说话一样。故事讲完了，他还来问'你说的是什么呀'。"[①] 哈姆雷特说："机智妙语在傻子的耳朵里睡觉。"[②] 歌德也有类似观点：**"笨蛋的耳朵嘲笑着最智慧的语言。如果人们太愚蠢，我们也没必要感到泄气——朝沼泽里扔石子，是不会激起涟漪的。"**

利希滕贝格问："当一个脑袋和一本书相互碰撞，发出空洞的声响，这声空响难道总是出自书本吗？"他还说，"作品本身就像一面

①《圣经后典·德训篇》，第二十二章第八节。——原注
②《哈姆雷特》，第四幕第二场。——原注

镜子——若是一头蠢驴在照镜子，你就别指望能照出一个圣徒来。”

我们应当好好记住老盖勒特[①]那些优美而感人的挽歌：“最好的礼物找到最少的欣赏者，大多数人错把坏的当成好的。”——这样的恶事司空见惯，简直就像瘟疫，无药可救，防不胜防。盖勒特又说了：“人们要如何避免这种不幸呢？虽然艰难万分，但我看也只有一个办法了，那就是愚人们必须要变得有智慧——而这永远也不可能发生。他们从不知道生命的价值，他们只是用肉眼来看事物，从来不用心，一味赞赏微不足道的琐屑小事，因为他们就不曾懂得过什么才是好的。”

人们思想水平低下，再加上“嫉妒”这一道德上的劣根性，既无法辨别好坏，更谈不上赏识那些存在着的美好事物或优秀人物。一个人一旦获得了声名，就从众人中脱颖而出，高于众人，而别人的位置因此也就相应地被降低了。所有显著的价值都是以其他人一文不值为代价，被衬托出来的。正如歌德在《西东合集》中所言，“赞美一个人就是贬低另一个人”。

这也就是为什么无论“卓越”是以何种形式存在，但凡是优秀的东西，一露面就会遭到人数众多的平庸之辈群起攻之；他们会联合起来抵抗“卓越”，甚至尽其所能打压它，这些人的口号就是“打倒卓越”。更有甚者，那些取得了一些成就，并因此而享有一定盛名

① 盖勒特（1715—1769）：德国启蒙运动作家、诗人，在贫穷但却极为虔诚的牧师家庭中长大。曾在莱比锡大学学习，1745 年在该校任不拿薪金的讲师，1751 年任教授。他的作品和人品都很受人赞赏，以脍炙人口的《寓言故事集》而闻名。

的人，常常不愿看到后起之秀声名鹊起，因为别人的成功会掩盖他自己的光彩。因此，歌德说："如果我们不得不依靠别人的青睐而活，那还不如不活。人们只想炫耀自己有多重要，根本不关心他人是否存在。"

名副其实还是浪得虚名?

和名声不一样的是，荣誉一般会得到人们的赞赏，而不会受到嫉妒的猛攻。每个人都拥有荣誉，除非被证实了荣誉已受损。但是不与嫉妒进行一番恶斗，就不能赢得名声，而且这场恶斗的评判们本身就绝非公正。每个人都乐意与人分享荣誉，但名声只能独享——有越多的人追求，它就越高不可攀。

想要通过作品获取名气的难度，与可能会阅读这部作品的人数呈反比。比起写供人消遣娱乐作品的作者来，学术著作的作者想要成名，难度大多了。而想通过撰写哲学类作品成名就更难了，因为哲学类作品能够提供给人们的教益尚且不明，从实用主义的角度来看甚至是无用的，所以哲学著作主要吸引的读者群以同行居多。

既然成名如此困难，很显然，那些艰难行进着的人们，如果不是出自内心的热爱，也不是在追求探索中得到莫大乐趣，而是基于野心的刺激，那么就绝少甚至绝不可能为人类留下不朽之作。那些追求真善美的人们，为创作出优秀的作品，必须竭力避免假丑恶，并敢于抵制和推翻大众强加的观点，敢于藐视大众的评判，这样一来即使他们不想成名，也依然会名声大噪。这也就是所谓“名声回避那些追寻它的人，反而追寻那些回避它的人”，有人努力迎合同时代人们的口味，也有人敢于挑战权威。

尽管成名很困难，但一旦建立了声望，要保持却很容易——不像每个人都有资格享有的荣誉，虽然无须去赢得，只要保证不失去就可以，但问题来了！一次卑劣的行为就可以让荣誉毁于一旦。而声望，只要名副其实，就不可磨灭，因为一个人赖以成名的功绩或是作品已经存在，始终如一，即便日后他并没有再做任何配得上这名声的事情，已经取得的声望依然存在。如果名声消逝了或在人死之前就已被遗忘，只能说明它本身就是虚假的，换句话说，这样的名气是没有价值的，“有名”不过是短期内对一个人的作品过度推崇导致的后果。要么就像黑格尔享受过的那种名气，利希滕贝格对它的形容是：“被一群吹捧他的在校大学生们大肆宣扬，然后在空洞的头脑中产生了虚假的共鸣——他那荒诞不经的语言结构，犹如一个精致的鸟巢，里面的鸟儿早就飞走了；敲开那不出意外早已破败了的结构之门，就会发现其中空空如也！连一丝能让过客驻足的思想痕迹都没有，这样所谓的大名鼎鼎只会令后人发噱。”

名气代表一个人与众不同。在其他人成名的瞬间，这个人的名气就消失了，没那么有名了，所以从本质上来说名气是相对的，只具备相对的价值。在任何情况下都能保有其价值，或说是其自身直接拥有的，才具有绝对的价值。拥有伟大的心灵或伟大的头脑，而不仅仅是名声，才是值得的，才是通往幸福的关键。一个人应当推崇的不是名气本身，而是那些能够让你出名的东西——这才是实在的，名气不过是偶然随之而来的，只是一种外在的表现，证明了自己获得的高度评价没有错。正如光线本身是不可见的，除非有别的物体来反射它。同样的，一个人的卓越之处只有当他名声在外时才具有无可争议的价值。但是名声并不能全然代表一个人所具有的价值——即使拥有名声，也并不意味着真的就是名副其实，莱辛[①]说得好：“有些人空负盛名，有些人却有实无名。”

仰仗别人的看法来确定自我的生存价值，实在很可怜。如果一个英雄或是天才被全世界的掌声包围着，他的价值只在于他的名气，只在于别人对他的肯定，这样的人生该是多么悲凉！每个人都是依据自己的本性而存在，主要是从自身的角度为自己而活——你是什么样的人，以什么样的方式存在，才是最重要的，其他任何人都与此无关。因此，如果自身本性不具备价值，那么这个人也就欠缺价值。他人如何看待我们的存在是次要的，是衍生出来的枝节，受制于偶然，只能间接地影响我们。再说了，大众的头脑多么空洞浅薄啊，怎么能把我们的幸福建立在别人的幻想之中呢？别人说你幸福，你就真的幸福了吗？那是不可能的。

① 莱辛（1729—1781）：德国戏剧家、戏剧理论家。

真正的名声

所谓的名人殿堂，里面真是鱼龙混杂：上将、大臣、江湖郎中、杂技艺人、舞者、歌手、百万富翁、犹太人，等等。各式各样的人聚集在这座殿堂里，但实际上，比起那些拥有真正高尚的灵魂、才华横溢的人来，反倒是这些人获得了人们更多真诚的赏识和由衷的敬意。对于真正杰出的精神思想，大多数人只是在口头上表示敬意而已。

从人类幸福的角度来看，我们那被骄傲和虚荣养刁了的胃口，就好“出名”这碟开胃菜，即使它毫无意义，但至少精致。虽然这份贪欲被小心翼翼地掩藏起来了，但实际上我们每个人都怀有毫不节制的骄傲与虚荣，尤其对那些不惜任何代价一心想要成名的人来说，这种欲望是最为强烈的。像这样的人，在有机会证明自己的价值并获得他人赏识之前，不得不在漫长的时间里，在不确定中苦苦煎熬。对他们来说，这就像是在遭受着某种隐秘的不公正。[1]

正如我在开篇解释过的那样，人们在意他人眼中的自己价值如何，是没有道理的，他人眼中的价值与实际的价值是不相称的。霍布斯[2]就此有一些言辞犀利的表达，十分正确。他写道：**“人们醉心攀比，攀比让我们更看重自己。”**由此可知人们为什么如此重视名声，但凡有一丁点儿机会，就不惜一切代价也要出名。弥尔顿在[3]《利西达斯》中说：

> 浮名（这是高贵的心灵最后的弱点）
> 搅乱了清晰的头脑，
> 鞭策人们蔑视快乐，
> 只顾低头操劳、一心向前。

另外，他还说：

> 名声的殿堂高远地矗立着，
> 熠熠生辉，光芒万丈，
> 但要爬上去又是何等艰难！

---

① 我们最大的乐趣就在于受到别人艳羡。但是，那些羡慕我们的人，即便理由充分，他们仍不愿表达钦羡之情。所以能够不理会别人的看法，真正做到发自内心赞美自己的人，就是最幸福的人。——原注

② 霍布斯（1588—1679）：英国政治家、哲学家。

③ 弥尔顿（1608—1674）：英国诗人、政论家，民主斗士，代表作《失乐园》。

这样我们就可以理解，何以世上最虚荣的人总是喜欢谈论荣光，将之视为信仰，视为建功立业和创作出伟大作品的原动力。但从本质上来说，名气只是次要的，只是价值的衍生品，是贡献的回声或映射，就仿佛一个影子，或是标记。无论如何，使得别人崇拜你的，必定比崇拜本身更有价值。盛名不能带来幸福，但令人享有盛名的东西，也就是人们创造出的成绩或贡献，一定能让人感觉幸福。或者更确切地说，创造出这些成绩或贡献的，是人自身价值带来的思想和能力，无论是道德方面还是智力方面，这才是让人感觉幸福的根本所在。

一个人的天性中最好的一面，必定是对他自己要比对其他人更加重要。他反映在别人脑中的样子，以及别人对他的评价，只能对他产生十分次要的影响。应当出名却默默无闻的人，其实拥有了更重要的幸福元素，这样的幸福应当可以安慰他在其他方面的不如意。

一个人被一群乌合之众或是昏头昏脑缺乏判断力的人们认为是伟大的，并不值得羡慕。我们羡慕一个人，是因为他确实是一个伟大的人。这样的伟人，他的幸福不在于后世的人会如何传颂他，而在于他创造了有价值的思想，他的思想千百年后依然值得人们研究，值得被铭记。如果一个人是这样的，那么他就拥有了别人无法剥夺的东西，他的幸福掌握在自己手中，不像那些徒有虚名的人。

倘若一个人追求的是受人崇拜，只能说明他没什么值得被崇拜的东西。浪得虚名就是这样的情况——得到了名声，但不配享有这名声，是谓虚名；浪得虚名的人享受名声带来的好处，但却不具备名声所代表的价值和分量。虚假的名声常会把一个人从他的幻想中拉出来，因为，尽管徒有其名的人为了自身利益而自我欺骗，但处于自己并不真正能够适应的高度时仍会感到眩晕，会觉得自己不过就是一个赝品、一个冒名顶替者而已；他时刻担心会被人揭穿本来面目，害怕自己被打回原形后，曾经拥有的那些有价值的东西全部化为泡影，在有识之士面前，他似乎已经看到了身后会遭受的非议，这让他痛苦万分——这样看来，他倒真像是个伪造遗嘱骗取财产的人。

最真实的名声，是流传身后之名，并不会被这一名声的主人知晓——即便如此，人们还是会认为这样的人是幸福的。他的幸福在于，他既拥有了那些替他赢得名声的非凡素质，又得到了施展的机会，并享有足够的条件，能满心欢喜投身于他的热情所在——只有这样创作出来的作品才能收获身后殊荣。

伟大的灵魂或健全的理智，是快乐的根源。思想理智在作品上留下深深的烙印，将会受到后世的赞叹膜拜；而那在当时使创作者感到幸福的思想，将会成为将来那些具有高贵思想灵魂的人们学习的资源和乐趣所在。

流芳百世的身后名，其价值就在于实至名归，这就是名声真正的唯一回报。至于取得身后名的作品是否能让作者本人在有生之年获得同时代人的赏识，则纯属运气。但这并不重要，因为**常人不具备批评能力，没有能力鉴赏高级别的伟大作品或成就。所以，人们总是被权威影响。但凡声名远播，就意味着有百分之九十九的人都会信以为真。**一个在他有生之年就闻名遐迩的人，如果够聪明，则不会太过看重那些赞美声，他会知道那不过是几个声音在回响而已，而这为数不多的几个声音也不过是一时的产物罢了。

想想看，如果一个音乐家知道为他鼓掌的人几乎都是聋子，而为了掩饰缺陷，他们只要一看见有人鼓掌，就跟着热烈地鼓掌，那么这个音乐家还会为雷鸣般的掌声感到飘飘然吗？如果他凑巧知道，那带头鼓掌的一两个人，还是因为收了报酬，鼓掌只是为了带动气氛，他又将会说些什么呢？这也就是为什么同时代的赞誉绝少会发展成为身后的名声。

什么样的人容易出名？

达朗贝尔[①]对文学名声的殿堂做了一个极其精妙的描述："文学的殿堂里栖居着一群伟大的死人，他们生前在这里并没有一席之地；而这殿堂里那极少数的几个活人，却几乎是一死就被排挤出来了。"顺便说一句，在一个人活着的时候给他树立丰碑，就等于是在宣告，我们不放心后人来评价他。

倘若有人非常幸运，在有生之年获得了名副其实的声望，但这在他年老之前也是很难发生的——虽然艺术家和音乐家不受这个规则的限制，但是对哲学家而言，则几乎没有例外。那些名人肖像画就可以证实这一点——大多数名人只有在其作品已经获得声誉之后，才会被画肖像，而且通常会被描绘成头发花白的老者，哲学家尤其如此。从幸福主义者的立场来看，这倒不失为一个恰当的安排——同时拥有名声和青春对于一个凡人来说，实在是太过奢侈了。

人生苦短，不可浪掷虚度，应该物尽其用地好好享受生活的馈

① 达朗贝尔（1717—1783）：法国著名物理学家、数学家和天文学家。

赠。青春本身就已足够宝贵，代表了自给自足自乐。当人生的喜悦和乐趣，随着年华渐老而褪去时，恰似秋天的叶子从树上凋落，名声之树则开始像冬青树一样适时发芽长叶了。名声就像是必须要花上一整个夏季的时间生长成熟，才能在冬天享受到的丰美果实。当我们老了，把自己全部的青春力量贡献给了著作，而这些著作将永葆年轻，不会随着我们一起衰老，还有什么是比这更能宽慰我们的呢？

让我们来看一下因不同的精神追求而得来的不同类型的名声。

我认为从广义上来说，智力的优势就在于能够形成理论，也就是能够对特定类型的资料进行重新组合。这些资料可能内容性质差异很大，但越是在日常生活中广为人知，通过整理构建取得成就而赢得的名声，其影响力就会更大，传播也会更广。

比如说，如果这些资料内容涉及数字或线条，或科学的专门学科，就像物理学、动物学、植物学、解剖学，或古代作家们的散佚之作、难以辨认的碑文，或是历史上的未解之谜，那么通过对这些资料进行整理、考据或是重组一类的工作，得来的名声，只会在同一研究领域中流传，不会扩散到广大民众中去。从事某项专业研究的人数通常很少，而且其中大部分都已经解甲归田，过着闲散的生活，而且还常常同行相妒，对于那些在这个学科研究小圈子里声名卓著的人心存嫉妒。

但是，如果从事的研究众人皆知，比如说涉及的是人类思想或人类心灵的基本特征，或是一直都在我们眼皮子底下运转着的伟大的自然力，或人们耳熟能详的自然法则的一般规律，那么通过研究整合这一类的资料以扩大人们对事物的了解，这样的工作获得的名声则迟早都会传遍整个文明世界。因为如果论据是人人都可以理解的，理论通常也就通俗易懂。**名声的大小取决于需要克服的困难大小。**越是众人熟知的内容，要形成新颖且真实的理论就会越难——要想从老生常谈中谈出新意，可谓难上加难。

如果从事的研究相当艰深，不是人人都有资格去做的，必须要费一番精力和苦力才能有所突破，那么这样的研究内容几乎都可以经过新的组合并形成新的理论。如果具备透彻的理解力和精准的判断力——这倒并不需要很高的智力水平——人们便可以幸运地找到既新颖且真实的理论。但是通过这种途径赢得的名声传播范围不大，与人们对这类型资料的了解和熟悉程度相一致。解决这一类的难题，无疑需要完成大量的研究工作——哪怕只是为了掌握已有的知识资料就已经需要耗费大量精力了。如果我们研究的是本身就明白晓畅、无须费心的资料，那么要赢得举世瞩目的名声相对费力少些，但这将会要求更多的天赋和才能——不管是从内在的价值，还是从受到的评价来看，一味苦干和拥有天才的素质完全不能相提并论。

耐得住寂寞才担得起盛名

对那些觉得自己具备相应的理解力和正确的判断力，但又不是拥有了最高程度思想禀赋的人们来说，我的建议是不要害怕费力的研究——只有通过艰苦的劳动，才能超越大多数目光短浅的人，才能深入那些无人问鼎的偏僻领域。在那些领域鲜有竞争对手，稍具头脑就可以很快找到机会发现并公布一个既新且真的理论，而这样的发现，其价值很可能就是得益于不畏艰苦、攻克难关这一点。但是只有懂得这门学科的同行们才会为之喝彩，而这些喝彩声在普通大众听起来，会觉得与自己相隔甚远。

倘若我们继续追逐着这样的名声走下去，就会发现想要发掘出新的学科资料越来越艰难。但实际上之前接触到的那些高深的资料本身已经为扬名立万奠定了基础，就像探险家抵达了一处遥远的、名不见经传的地方，通过他的所见所闻就已经可以成名，不需要通过他的所思所想才出名。获取这种名声最大的优势就是，讲述见闻要比传达自己的思想容易多了，人们理解他人所见比理解他人所想更加容易，也会更乐意去阅读讲述见闻的著作。正如阿士莫斯所言："远航归来，方有故事可讲。"不过如果认识了那些著名的旅行家们，对他们有所了解，就难免会想起贺拉斯说过的一句话——新的风景并不总是意味着新的思想。[①]

至于那些天赋极高、拥有强大精神力量的人，就应当去解决重大难题，如那些关系到整个世界和全人类的问题。这样的人应该全方位均衡地拓展自己的视野，兼顾多个方面，以避免在某个岔道上走得太远，迷失在鲜为人知的领域。换句话说，他不会太过纠缠于某一学科中的某一专门领域，也不会去钻细枝末节的牛角尖。他没有必要为了避开与多数人竞争，就去找难以入门的学科来研究。生活中常见的事物也可以成为研究素材，形成新的正确的理论。这样一来他做出的贡献会被所有熟悉素材的人欣赏，也就是说能获得大多数人的欣赏——想想看，物理学家、化学家、解剖学家、矿物学家、动物学家、语言学家、历史学家所能获得的声誉，与研究人生的诗人和哲学家们获得的名声相比，二者之间的差别是多么巨大啊！

① 这也就是我们现在所说的远行本身并不能帮人找到自我或是启迪智慧，如果不主动思考，你依然还是原来的你，不过是换了一个地方待着而已。

附　录

叔本华著作及生平大事记[①]

1788 年（出生）

2 月 22 日：阿图尔·叔本华出生在德意志但泽（今波兰格但斯克）一个大商人家里，父亲叫海因里希·弗洛里斯·叔本华，母亲叫约翰娜·亨利埃特，娘家姓特罗西纳。

3 月 3 日：叔本华受洗礼于圣玛利亚教堂。

叔本华和他母亲一起迁居奥里瓦庄园，他在那儿度过了童年。

1789 年（1 岁）

叔本华的外祖父克里斯蒂安·海因里希·特罗西纳住进斯图特

① 附录部分参考商务印书馆 1999 年 9 月第 1 版《叔本华论说文集》整理。

庄园。

7 月 14 日：巴黎人民攻占巴士底狱，法国资产阶级大革命爆发。

1793 年（5 岁）

1 月 21 日：法国国王路易十六被处决。普鲁士、奥地利、英国、荷兰、西班牙、葡萄牙、撒丁和那不勒斯组成第一次反法联盟。波兰被第二次瓜分。但泽、波森（即波茨南）等被划归普鲁士。在但泽被占领前不久，叔本华一家离开了该市，迁往汉堡，住旧城新街 76 号。

12 月 23 日：叔本华的祖父安德烈亚斯・叔本华去世。

1794 年（6 岁）

3—4 月：叔本华的叔叔约翰・弗里德里希・叔本华在但泽去世。

1796 年（8 岁）

叔本华一家搬到汉堡新万德拉姆街 92 号。拿破仑进军意大利。

1797 年（9 岁）

叔本华的外祖父克里斯蒂安・海因里希・特罗西纳去世。

6 月 12 日：叔本华的妹妹路易丝・阿德莱特・拉维尼亚（阿德勒）诞生。

7 月：叔本华和父亲一起去巴黎和勒阿弗尔。他在格雷戈勒・德布雷西曼家住了两年，和德布雷西曼的儿子安提姆交上了朋友，并学习法语和法国文学。

1799 年（11 岁）

春季：叔本华的朋友戈德弗里特・雅尼施死于汉堡。

8 月：叔本华因法国的政治形势经海路回到汉堡，后进龙格博士办的私立学校学习，直至 1813 年。期间他和商人的儿子沙里士・戈特弗劳伊、酒商的儿子格奥尔格・克里斯蒂安・洛伦茨・迈尔成为朋友。

1800 年（12 岁）

叔本华一家去布拉格和卡尔斯巴德旅行，并在魏玛会见席勒，在柏林会见伊夫兰德。

10 月 17 日：返回汉堡。

1802 年（14 岁）

叔本华阅读让・巴底斯特・罗范・德・高乌雷的《福布拉骑士的爱情冒险》。

1803 年（15 岁）

叔本华根据父亲的意愿决定不上文科学校学习，决定将来不当学者。他计划了一次长途旅行，周游了荷兰、英国、法国和奥地利，并开始学习经商。

5 月 3 日：叔本华踏上旅途。

6 月 30 日—9 月 20 日：叔本华在温布尔登的住宿学校学英语。

1804 年（16 岁）

6 月 19 日：叔本华一家在奥地利布劳瑙。

8 月 25 日：结束在国外的旅行。

9 月：叔本华在但泽住了三个月。在巨商雅各布·卡布隆处学习，卡布隆后来创办了商业学院。

1805 年（17 岁）

爆发第三次反法联盟战争。

年初：叔本华在汉堡大商人马丁·约翰·耶尼施那儿学习，还听了龙格博士的神学讲演。

4 月 20 日：叔本华的父亲去世。

8 月：约翰娜·叔本华将新万德拉姆街的房子出卖，全家迁往科尔霍夫街 87 号。

1806 年（18 岁）

爆发第四次反法联盟战争。

5 月：约翰娜·叔本华在魏玛。叔本华青年时代的朋友安迪墨到汉堡学习经商。

9 月 21 日：约翰娜·叔本华带着阿德勒最终迁居魏玛。

约翰娜·叔本华与歌德交好。

1807 年（19 岁）

5 月底：叔本华离开汉堡经魏玛去戈塔，并和卡尔·路德维希·费尔瑙交上朋友。

6 月：叔本华开始在戈塔文科中学跟弗里德里希·雅各布兄弟学习，并住在卡尔·戈特霍德·棱茨教授家里。

12 月：一首嘲笑克里斯蒂安·费迪南德·舒尔策的讽刺诗使叔本华极为不满。他离开文科中学，迁居魏玛，后和作家约翰内斯·丹尼尔·法尔克、剧作家扎哈里亚斯·维尔纳相识。

1808 年（20 岁）

9 月：叔本华和丹尼尔·法尔克亲见了沙皇亚历山大和拿破仑在爱尔富特的会见。

1809 年（21 岁）

2 月 3 日：叔本华和卡罗琳·耶格曼同时在魏玛参加一次假面舞会。

2 月 22 日：叔本华成年。

10 月 7 日：叔本华去哥廷根，并于 10 月 9 日开始在那儿学医，和后来任普鲁士驻梵蒂冈、驻伦敦大使克里斯蒂安·卡尔·约西亚斯·冯·邦森以及威廉亚姆·巴克豪泽·阿斯泰尔结识。叔本华的哲学老师是弗里德里希·博特韦克和戈特洛布·恩斯特·舒尔策，在舒尔策的指导下，他研读了柏拉图和康德的著作。同年柏林大学开办。

1810 年（22 岁）

约翰娜·叔本华著的《C.L. 费瑙传》出版。

1811 年（23 岁）

复活节：叔本华和克里斯蒂安·邦森在魏玛。

9 月：叔本华开始在柏林大学学习两年，约翰·戈特利布·费希特在大学执教。叔本华研究费希特哲学，并和动物学教授马丁·海因里希·利希滕施泰因结下友谊。

1812 年（24 岁）

夏季学期：叔本华和德国哲学家、神学家弗里德里希·恩斯特·丹尼尔·施莱马赫尔发生争论。后叔本华经魏玛和德累斯顿去坦普立兹旅行。

1813 年（25 岁）

5 月 2 日：吕策和格罗斯戈森战役时，叔本华逃出柏林。

5 月 22 日：叔本华在德累斯顿。

6 月：叔本华在魏玛撰写博士论文《论充足理由律的四重根》。

11 月 5 日：叔本华回到魏玛他母亲家里。

11 月底：歌德赞赏叔本华的成就。他们进行了长谈，专门讨论了歌德的颜色理论。

1814 年（26 岁）

4 月：叔本华和他母亲的争吵达到顶点。

4 月 30 日：《哥廷根学报》发表了对叔本华哲学著作的第一篇评论。

5 月：叔本华和他母亲彻底决裂，离开魏玛，后在德累斯顿住了四年，和泛神论者卡尔・克里斯蒂安・弗里德利希・克劳泽、画家路德维希・西吉斯蒙德・鲁尔、作家赫尔曼・冯・皮克勒－穆斯考、费迪南德・弗赫尔・冯・比登费尔特认识。

1815 年（27 岁）

叔本华撰写《论视觉和颜色》（1816 年印刷）。

1816 年（28 岁）

叔本华住在德累斯顿郊区的奥斯特拉大街。

1818 年（30 岁）

3 月：叔本华完成《作为意志和表象的世界》初稿。

8 月：叔本华为他的主要著作《作为意志和表象的世界》撰写前言。

秋季：叔本华去意大利旅行。

10—11 月：叔本华在威尼斯。

12 月：叔本华在佛罗伦萨。

1819 年（31 岁）

年初：《作为意志和表象的世界》由 F.A. 布洛克豪斯出版。

1—2 月：叔本华在罗马。

2—4 月：叔本华去庞培等地旅行。

3 月：叔本华从罗马经意大利北部（佛罗伦萨、威尼斯和维罗纳）回到瑞士。

8 月 25 日：叔本华重返德累斯顿。

但泽亚伯拉罕·路德维希·穆尔商号倒闭，叔本华家因而发生财政危机。

10 月：维也纳《文学年鉴》和魏玛《文学周刊》发表了第一批对《作为意志和表象的世界》的否定性评论。

12 月 31 日：叔本华申请在柏林大学当哲学讲师。

1820 年（32 岁）

叔本华和黑格尔发生争执。叔本华第一个，也是唯一的一个讲座《整个哲学就是关于世界的本质和人的精神的学说》失败。

1822 年（34 岁）

5 月 27 日：叔本华经瑞士去米兰和佛罗伦萨旅行。

1823 年（35 岁）

5 月 3 日：叔本华在特里恩特。后经慕尼黑返回。

7 月 5 日：约翰娜·叔本华剥夺叔本华的继承权。

1824 年（36 岁）

5 月 26 日—6 月 19 日：叔本华在加施泰因浴场治病。

9 月：叔本华在德累斯顿。

1826 年（38 岁）

夏季学期：叔本华最后尝试举行讲座。

1829 年（41 岁）

叔本华翻译西班牙哲学家巴尔塔萨尔·格拉西安的《智慧书》，出版商布洛克豪斯拒绝接受出版。

1831 年（43 岁）

8 月 25 日：叔本华因惧怕霍乱病而离开柏林。

年底：叔本华在法兰克福。

1832 年（44 岁）

7 月起，叔本华在曼海姆。

1833 年（45 岁）

7 月 6 日：叔本华定居在美茵河畔法兰克福，在那儿度过了他余生的二十八年。

1835 年（47 岁）

叔本华撰写《自然界中的意志》。

1837 年（49 岁）

叔本华撰写《致建立歌德纪念碑委员会》一文。

1838 年（50 岁）

4 月 17 日：约翰娜·叔本华去世。

1839 年（51 岁）

叔本华撰写征文《论意志的自由》。

1840 年（52 岁）

叔本华撰写征文《论道德的基础》。

1841 年（53 岁）

博士尤利乌斯·弗劳恩施塔特成为阿图尔·叔本华的学生。

《伦理学的两个基本问题》出版（收录《论意志的自由》和《论道德的基础》）。

1842 年（54 岁）

阿德勒·叔本华看望她的哥哥。

1843 年（55 岁）

3 月 1 日：叔本华迁往法兰克福好希望街 17 号。

6 月 7 日：德国诗人弗里德利希·荷尔德林去世。

弗里德里希·多尔古特发表《唯心主义的错误根源》一书，叔本华的学说在这部著作中得到了承认。

1844 年（56 岁）

F.A. 布洛克豪斯出版《作为意志和表象的世界》的第二版。

10 月 15 日：尼采诞生。

1845 年（57 岁）

多尔古特撰写《叔本华及其真理》。

1847 年（59 岁）

叔本华的博士论文《论充足理由律的四重根》再版。

1849 年（61 岁）

3 月 28 日：德意志帝国宪法在法兰克福被通过。

8 月 25 日：阿德勒·叔本华去世。

1851 年（63 岁）

11 月：《附录和补遗》在柏林由 A.W. 海因出版，此书使叔本华声名远扬，其中“人生的智慧”和“劝诫与格言”两部分，更是得到了诸如托马斯曼、托尔斯泰等人的大力推崇。

1854 年（66 岁）

《自然界中的意志》第二版出版。

弗劳恩斯丹特撰写《论叔本华哲学的书信》。

1857 年（69 岁）

5 月 4 日：弗里德里希·黑贝尔和威廉·约尔丹到法兰克福访问。

波恩大学讲授叔本华的哲学。

10 月初：克里斯蒂安·卡尔·约西亚斯·冯·本森访问叔本华。

1858 年（70 岁）

2 月 22 日：叔本华七十寿辰。

叔本华拒绝担任柏林皇家科学院院士。

德·桑克蒂斯撰写《叔本华和利奥波特》。

1859年（71岁）

《作为意志和表象的世界》第三版出版。

7月：叔本华迁进好希望街16号。

10月：伊丽莎白·奈完成叔本华的雕像。

1860年（72岁）

8月：叔本华突然窒息。

9月9日：叔本华得肺炎。

9月21日：叔本华去世。

9月26日：葬于法兰克福市公墓。

叔本华小传

阿图尔·叔本华（Arthur Schopenhauer，1788—1860）

出生于德国但泽。双鱼座。
父亲是一位富商，性格易怒忧郁，后因溺水去世；母亲是作家，与歌德、格林兄弟等文坛名家熟识。

21岁到哥廷根大学攻读医学；23岁弃医从文，进入柏林大学学习；30岁，他的旷世杰作《作为意志和表象的世界》出版，反响平平。对此，叔本华异常悲伤："如果不是我配不上这个时代，那就是这个时代配不上我。"
63岁，他的封笔之作《附录和补遗》出版（《人生的智慧》即取自这部著作），声名鹊起。

靠继承父亲的遗产，叔本华一生过着隐遁的生活。

1809年初，21岁的叔本华对歌剧女演员卡洛琳娜·雅格曼一见钟情，然而女神却另有所爱。他情路坎坷，终身未婚，晚年陪伴他的只有一条叫"世界灵魂"的卷毛狗。

72岁，叔本华因肺炎死在餐桌上。他临终前说：“人类从我这里学到了他们将永世不忘的东西。”
叔本华死后，其所有财产都捐献给了慈善事业。

尼采是叔本华哲学的继承者，他说：“我一翻开他的书，就好像马上长出了一对翅膀。”

译者简介

木云，湖南人，毕业于暨南大学，深入研究叔本华著作和国内外学术论文，根据1890年T.Bailey Saunders所译英文版*The Wisdom of Life*，倾心翻译《人生的智慧》。

林求是，四川人，毕业于华东师范大学，曾主持国际重要教育会议的翻译工作，2006年曾承担亚太文化研究所文化与信息中心部分专业领域翻译。

作家榜经典文库®

★★★★★★★★★★

读 经 典 名 著 ， 认 准 作 家 榜

作家榜，创立于2006年的知名文化品牌，致力于促进全民阅读，推广全球经典，连续13年发布作家富豪榜系列榜单，引发各大媒体关注华语作家，努力打造“中国文化界奥斯卡”。

旗下图书品牌“作家榜经典名著”系列，精选经典中的经典，凭借好译本、优品质、高颜值的精品经典图书，成为全网常年热销的阅读品牌，在新一代读者中享有盛誉。

策　　划 | 作家榜
出　　品 |

出 品 人 | 吴怀尧
总 编 辑 | 周公度
产品经理 | 俞延澜
版式设计 | 李孝红
封面设计 | 邵　飞
产品监制 | 陈　俊
特约印制 | 朱　毓

官方电话 | 021-60839180

图书在版编目（CIP）数据

人生的智慧：如何幸福度过一生 /（德）阿图尔·叔本华著；木云，林求是译 . -- 北京：中信出版社，2019.4（2023.3 重印）
（作家榜经典文库）
书名原文：The Wisdom of Life
ISBN 978-7-5217-0106-7

Ⅰ . ①人… Ⅱ . ①阿… ②木… ③林… Ⅲ . ①叔本华 (Schopenhauer, Arthur 1788-1860) －人生哲学－哲学思想 Ⅳ . ① B516.41

中国版本图书馆 CIP 数据核字（2019）第 031534 号

人生的智慧：如何幸福度过一生
著者： ［德］阿图尔·叔本华
译者： 木云　林求是
出版发行：中信出版集团股份有限公司
（北京市朝阳区东三环北路 27 号嘉铭中心　邮编　100020）
承印者： 浙江新华数码印务有限公司

开本：889mm×1194mm 1/32　　印张：6　　字数：128 千字
版次：2019 年 4 月第 1 版　　印次：2023 年 3 月第 14 次印刷
书号：ISBN 978-7-5217-0106-7
定价：42.00 元

服务热线：400–600–8099
投稿邮箱：author@citicpub.com